超实用家庭教育秘籍

不发火的
教育方式

〔法〕瓦内萨·萨博 / 著

李顺 / 译

湖南少年儿童出版社·长沙
HUNAN JUVENILE & CHILDREN'S PUBLISHING HOUSE

图书在版编目（CIP）数据

超实用家庭教育秘籍. 不发火的教育方式 /（法）瓦内萨·萨博著；李顺译. —长沙：湖南少年儿童出版社，2024.7

ISBN 978-7-5562-6788-0

Ⅰ.①超… Ⅱ.①瓦… ②李… Ⅲ.①家庭教育 Ⅳ.①G78

中国国家版本馆CIP数据核字（2023）第163958号

超实用家庭教育秘籍·不发火的教育方式

CHAO SHIYONG JIATING JIAOYU MIJI · BU FAHUO DE JIAOYU FANGSHI

总 策 划：周　霞		策划编辑：吴　蓓	
责任编辑：吴　蓓		特约编辑：娄紫璇	
营销编辑：罗钢军		内文排版：雅意文化	
质量总监：阳　梅			

出 版 人：刘星保

出版发行：湖南少年儿童出版社

地　　　址：湖南省长沙市晚报大道 89 号（邮编：410016）

电　　　话：0731-82196320

常年法律顾问：湖南崇民律师事务所　柳成柱律师

印　　刷：湖南立信彩印有限公司

开　　本：889 mm × 1194 mm　1/32　　印　　张：7.125

版　　次：2024 年 7 月第 1 版　　印　　次：2024 年 7 月第 1 次印刷

书　　号：ISBN 978-7-5562-6788-0

定　　价：33.80 元

鸣谢

感谢有幸遇到的多位心理医生，他们的人格魅力、知识和传递的理念极大地丰富了我的认知。

感谢伊丽莎白·硕格、帕特利西亚·沙龙和德雷萨·加西亚的大力支持。

感谢我的三个孩子——亚历克西、克拉拉和莉萨每天教我如何做好一个母亲，如何在爱和坚定之间找到平衡，如何成为他们真正需要的母亲。

感谢我的先生弗兰克帮我学会自省，在我犹豫、犯错和学习时不离不弃，教会我用儿童的眼光看待教育。

目 录

前　言

　　大喊大叫、哭闹不止、怒气冲冲充斥着您的日常生活，让您情绪低落，家人间相处的质量大大降低。您曾听取多方建议，也做过诸多尝试，然而育儿的艰辛日复一日，让人精疲力竭，生活黯淡无光。假日期间或能获得短暂的喘息，可以好好休整一番，但总体上不会有太多改变。

　　以前大家养育孩子只需将他们养大即可，现在则需要让孩子茁壮成长。这是一个新的挑战，也是一个奇妙的"陷阱"，以至于一些父母误认为只要给孩子足够的爱就足矣。事实远非如此，光有爱还远远不够。关爱孩子是重中之重，但让孩子感到安全和稳定亦不可或缺。

如果说爱是不可或缺的温床，那父母权威就是孩子健康成长的必要守护。本书遵循育儿的基本原则，根据不同人群的需求、经历和缺点寻求更个性化的育儿途径，提供更加独特的解决方案。

阅读本书，将给您带来一次心灵之旅，一次亲子关系进阶之旅。希望本书能帮助您与孩子建立起高质量的亲子关系。同时，本书也是对自我的一次深刻内省。建议您首先进行一次小小的自我测验，了解自己是偏向哪种教育方式的父母。

本书能让您更好地了解您与孩子之间的关系，在育儿时会遇到的困难、产生原因及可能会造成的后果，紧张的家庭关系，如夫妻矛盾……有了总体评估就可以根据具体情况阅读本书。相信您能从中获得一些建议，帮助您以温柔的内心，轻松地面对紧张的日常生活。

小测验

您是偏向哪种教育方式的父母？

本测验可帮助您更快了解到自己目前偏向哪种教育方式。

1. 逛超市时 4 岁的孩子吵着要买糖果。

a. 为了让他冷静下来，您会对他说："家里有一块方形巧克力。"

b. 您会拒绝买糖果并告诉他，如果继续吵闹，他一个月都不会有糖果吃。

c. 您会妥协，因为此刻你们是在公共场合，或者您因想让他开心而让步。

d. 您会跟他解释说，他这样不对，而且家里已经有糖果了。

2.这已经是第五次要求5岁的儿子自己穿衣服了。

a.您会再次告诉他，该上学了，得抓紧时间。

b.您很生气，打他屁股，让他听话。

c.为了尽快出发，您会帮孩子穿好衣服。

d.您对孩子说："赶紧穿衣服，如果早点准备好，我们就有时间阅读一篇小故事。"

3.该洗澡了，想让孩子主动洗澡是不可能的。

a.您决定用做游戏的方式来激励他。

b.您提醒他保持身体干净很重要，并通过和他讨论来说服他。

c.您提醒他，游戏有游戏的时间，休息有休息的时间，您会马上去浴室等他。

d.您不会强迫他，同意他隔天洗一次澡。

4.什么情况您会进行惩罚？

a.必要时就会惩罚。

b.很少惩罚，惩罚只是为了提醒他注意重要的边界。

c.从不惩罚，您反对惩罚。

d. 惩罚之前，先解释说明，尽量用讲道理来说服他。

5. 您通常认为自己：

a. 很有耐心。

b. 要求苛刻。

c. 非常关注孩子的需求。

d. 这要取决于是什么日子。

6. 孩子作业还没做，却跟您说想看会儿电视。

a. 同意他的请求，认为看电视在做作业之前还是之后，没有什么关系。

b. 告诉他您更希望他先做作业，但面对他的坚持，您妥协了。

c. 拒绝他的请求，让他去做作业。

d. 告诉他，作业做完就可以看电视。

7. 3 岁的孩子生气地打了您。

a. 您告诉他这样做不对，孩子不应该打家长。

b. 您对此毫不在意，对他的怒气和行为视而不见。

c. 您告诉他这样做不对，让他回房间冷静一下。

d. 您生气地打他屁股。

8. 您要求 5 岁的女儿收拾自己的房间，她爱搭不理。

a. 把她带进房间，直到她把房间收拾好才能出来。

b. 替她收拾房间，孩子放学回来已经很累了。

c. 问她为什么这样子并试着去理解她。

d. 提醒她东西弄乱就要收拾，这是规矩，她要像家里其他人一样爱惜自己的房间。

9. 8 岁的儿子说，您让他上床睡觉时，他一点睡意都没有，认为您的作息时间表毫无根据。

a. 向他解释，他这个年龄需要充足的睡眠，并且不会改变先前制订的规则。

b. 提醒他，他不是决定者，不能置疑您的命令。

c. 问问身边的人和自己，是否需要这么严格要求。

d. 听到请求后允许他晚点睡觉，毕竟他已经长大了。

10. 您认为，这些规矩或禁令……

a. 束缚了孩子的创造力和个性。

b. 必须先向孩子解释并得到理解。

c. 可以帮助孩子均衡发展。

d. 目的在于使孩子的行为达到预期。

结果

	1	2	3	4	5	6	7	8	9	10
a	●	★	●	■	★	▲	▲	■	●	▲
b	■	■	★	●	■	★	★	▲	■	★
c	▲	▲	■	▲	▲	■	●	★	★	●
d	★	●	▲	★	●	●	■	●	▲	■

如果■居多，说明您偏向的是专制型教育方式。

采用强制要求和惩罚的方式教育孩子。您要求孩子在任何情况下都要服从您。您不会向孩子的任

性和欲望妥协，会毫不犹豫地进行惩罚甚至打孩子
的屁股，因为您知道宽松教育会让孩子前路多艰。
在第三章，我们将围绕父母权威讨论各种教育方
式，或许能帮助您厘清对孩子如此严格的原因。如
果说权威很重要，那么设定规则边界确实必不可少。
请注意，过度或过多的惩罚，会强化孩子的对立情
绪，反而让他们性格更偏执。

如果▲居多，说明您偏向的是放任型教育方式。

教育方式不拘一格。您不会强迫孩子屈服，不
会禁止孩子做这做那，不会抑制他的个性和创造
力。您认为孩子首先要在爱和理解中成长。您很少
打骂孩子。请警惕，孩子若要平安长大就需要有边
界意识，有对错之分。您很想把一切都给孩子，但
要知道，您可能会为此焦头烂额，这种情况很常见。
注意，设定边界可以让您拥有真正高质量的亲子关
系，让您与孩子和睦相处。如果您认为禁令实施起
来实在太复杂，也可以选择奖励制度（见第五章），
但一定要先阅读"惩罚的陷阱"（第161页）。

如果★居多，说明您偏向的是解释型教育方式。

理解并解释。反对各种过激行为，反对专制主义。您的教育方式介于严厉和宽松之间，为此您会对一切不停地解释。您认为自己的孩子会通过理性思考做出正确决定，孩子能理解您的解释并最终听从教导。注意不要陷入过度的解释而不给孩子设定边界。有时候，解释是有用的，但必要时不要犹豫，一定要设定边界。否则，当孩子持续对着干或让您捉摸不透时，您会感到迷茫和无助。您可以尝试采用奖励机制或非暴力沟通方式（见第四章和第五章）。

如果●居多，说明您偏向的是理智型教育方式。

积极沟通并明令禁止。您知道吗，孩子感受到爱和边界的约束时，父母的管教才最有效。您很重视向孩子解释，重视对儿童成长规则的深入了解。设定主要边界并向孩子解释说明后，孩子就必须遵守。您会毫不犹豫地禁止或要求孩子这样或那样做。虽然设定的边界不够多，但稳定的参照标准和您的坚定实施会让孩子通过反思达到一定程度的自律。当您迷茫或不确定时，可以和配偶一起回顾总结，或者和每个孩子单独相处片刻。

您的情况比较复杂，没有明显的倾向，说明您偏向的是弹性教育方式。

宽松和严格并重。有时您根本不想设定条条框框，不忍心也不想对孩子说不。您认为教育就是在放手和严格要求之间寻求平衡，需要根据具体情况、您的个人心情、孩子的态度来定。您对孩子严格的时候过于严格，宽松的时候又过于宽松。您很难找到自己的定位，难以有规律地制订规则。您觉得自己好像对教育孩子了如指掌，但是又很难和配偶达成一致（见第四章）。总而言之，您对自己和设定边界的方式没有把握。原因可能是多方面的，在下列场景中您会看到阻碍您以更规范的方式树立权威的真正原因。

您将在本书中找到个性化答案，这要归功于：

· 能让您更好把握难点的测验。

· 更好地了解利害关系的思考方式。

· 更加锐利的视角以聚焦事物，探究问题的根源。

·他人的经历让您看到很多人也在面临同样的问题，并且存在着相应的解决办法。

·根据您的个性给出树立权威的实用性建议。

第一章

爱、边界、交流：把握好度

▼▼▼▼▼▼

您曾想要个孩子，现在这个小人儿就在那里。他对您是如此重要，您只想给他最好的。不论是孩子来得突然，还是您已期望良久，您就一个想法：给他满满的爱与关怀，以及温柔。您希望满足他的全部需求，希望他长大后能够前程似锦，家庭和谐美满。在您看来，最重要的心愿只有一个，那就是：给他无条件的爱！

用爱浇灌心灵的沃土

"他刚出生没多久，现在就是我的全部，我非常非常爱他，感觉自己母爱爆棚了。真想把自己以前没有的都给他，甚至更多。我梦想成为他的完美妈妈，对他有求必应，甚至都不用他说出口。我只想给他最好的，希望他别犯我曾经犯过的错。"

母亲萨宾（35 岁），宝宝安托万（1 个月）

建立安全依恋

约翰·鲍尔比①的依恋理论认为，早期的亲子交流是建立信任和安全关系的基础。按照这一理论，一个孩子需要至少一个成人持续的悉心照顾才能健康成长。依恋关系的质量是日后在孩子面前树立权

---

① 约翰·鲍尔比（John Bowlby）：英国精神病学家。

威的关键。孩子需要爱和尊重，当他感受到这些，就会理解父母设立的条条框框都是爱他的表现。安全依恋早在婴儿出生前便开始建立。

原始母性专注

从怀孕的第四个月开始，准妈妈的肚子开始变大并且显怀，此时，唐纳德·温尼科特[①]所说的"原始母性专注"便开始了。1956 年，温尼科特在他的著作《婴儿与母亲》（Le Bébé et sa mère）一书中首次提到这一概念。这是母婴之间一种非常特殊的融合状态。"原始母性专注"指母亲倾听和专注于未来新生儿的需求，调适自己的身体、生活节奏和日常安排来适应腹中的胎儿，她的注意力自然而然全都转向孩子。

胎儿的生存和均衡发育需要母婴一体的状态，这种状态将在母亲分娩时达到顶峰。唐纳德·温尼科特认为，随着婴儿呱呱坠地，成为真实的存在，母亲就进入对婴儿的高度敏感状态。她为

---

① 唐纳德·温尼科特（Donald Winnicott）：英国儿科医生、精神病学家和精神分析学家。

婴儿提供必要的生存条件，让他感觉舒适满足，比如关注、认可或通过爱抚、拥抱和轻柔的话语给婴儿带来安全感。这一时期母亲全方位地，甚至有时候是过分地关注婴儿的生长发育，这也被温尼科特称之为"母性的疯狂"。他认为，母亲和婴儿处于一种自我封闭、几乎完全排外的状态。母亲的细心照料会让婴儿感觉到这个世界是安全的，使他对外界和生活的环境充满信心，从而在信任的氛围中慢慢长大。

那么父亲呢？

一些父亲会感到自己被忽略，被孩子和母亲组成的母婴世界隔离。倘若父亲的角色是保护母亲和孩子，那么三到四个月后，随着孩子各方面能力的发展，父亲将扮演母婴分离的"第三者"角色。他将逐渐开启一段家庭"三角关系"，而这种关系的开启必然会使母婴之间经历多次短暂分离。母亲必须时不时地离开一段时间，孩子则交由父亲、其他家人或保姆来照料。母婴分离的时长将逐步延长。温尼科特解释道，尽管逐渐延长母婴分离的时长有时会很困难，但是对所有婴儿来说，这一阶段是不可避免的。

称职的母亲

很多年轻的母亲竭尽全力想成为完美的母亲，甚至会努力去迎合孩子。然而世上并无完美的母亲，有的只是浓浓的母爱、母亲的关注和温柔，还有母亲的不完美。唐纳德·温尼科特在谈到"称职的母亲"时多次提到了母亲，这里笼统地使用"母亲"一词来指代任何对孩子负有责任、承担母亲角色的人。这个人能为孩子提供一个稳定、稳固和充满爱的成长环境，同时又懂得为个人与配偶的幸福重新安排生活。她懂得保持适当距离，能够在考虑自己的同时给小家伙最大限度的爱，接纳自己不完美且永远不可能完美的事实。

在唐纳德·温尼科特看来，孩子正是在这种不完美母亲的关爱中学会建立自我：在爱与善良、错误与距离中健全人格。

过渡空间

孩子在不断犯错、与父母的渐行渐远中学会如何在现实中生存。生命伊始，孩子尚与母亲共存，母亲会对他的需求有求必应。随着孩子慢慢长大，母亲逐渐重新回归自己作为爱人和妻子的生活，孩子则要面对现实世界和可能由此产生的失落感。温尼科特认为，冲突此时自然就会慢慢产生。这位儿科医生继续说道："孩子在与现实发生激烈冲突并接受现实前，首先会构想出介于现实和虚幻之间的过渡空间（从出生6个月或7个月开始）……"

温尼科特谈到"过渡空间"时，其实想说的是"过渡对象"：毛绒玩具、奶嘴、带着妈妈味道的衣服……它们的气味和质地会让孩子联想到母亲在他生命之初对他的照顾和关爱。过渡对象是介于母婴之间的中间地带，代表婴儿想与母亲延续过去亲密无间关系的一种存在。过渡空间对孩子来说至关重要，因为它是孩子远离父母时的安全空间。

五类承诺
让孩子获得安全感

为培养孩子的安全感，引导孩子走向自我肯定，心理医生一般建议家长采用五种类型的承诺。

·**生理承诺**："我知道如何满足你的生理需求，抱抱你，亲亲你，保护你。"

·**教育承诺**："我会帮你逐步实现自立。为此，我会以恰当的方式陪伴你，尊重你的节奏和需求，逐步给你更多的自由。"

·**人际关系承诺**："我会花时间听你说话，陪你聊天，为你答疑解惑。"

·**安全承诺**："我会尊重你的选择，为你的健康成长和个性发展而努力，但是必要时知道如何引导你。"

·**情感承诺**："无论如何，我都会一如既往地爱你。但这并不意味着我会对你的所作所为全盘接受。"

不安全依恋的三种类型

当亲子互动不顺畅，亲子之间缺乏爱抚、拥抱等身体接触时，安全感就会转化为不安全依恋。1978 年，美国心理学家玛丽·爱因斯沃斯①提出了不安全依恋的三种类型：焦虑型依恋、回避型依恋和迷失型依恋。

焦虑型依恋

表现出焦虑型依恋的孩子一旦与父母分离，就会感到不安，并且很难平静下来。孩子之所以会有这种感受，是因为父母给予的爱断断续续，时而缺失，时而又让孩子感到沉重窒息。这种情绪上的矛盾会使孩子处于情感不稳定状态，导致他无法预知父母的态度，从而失去方向，产生潜在的焦虑感。

稳定依恋关系的最佳方式是持续获得和感知父母的爱与回应。孩子需要感受到父母对其情感和行为的一致性，即言行一致和持续稳定的关爱安抚。

---

① 玛丽·爱因斯沃斯（Mary Dinsmore Salter Ainsworth）：美国心理学家，对心理学最重要的贡献是早期情感依恋方面的研究，于 1989 年获得美国心理学会颁发的杰出科学贡献奖。

回避型依恋

孩子尚未形成基本的安全感时会患上回避型依恋，与母亲或父亲分离后会变得冷漠疏离，会避免与他人接触，并且不会融到与其他孩子的交往中去。父母回到身边时，他仍然会采取这种退缩的态度。因为他觉得自己不能依靠父母，所以拒绝公开表达情感。当父母太强势或对孩子疏远又或者与孩子只维持短暂、表面的亲子关系时，孩子就会形成回避型依恋。

要让孩子恢复信心，父母需要重新学会与孩子建立一种新的关系，这种关系建立在真实可靠性（我爱你的全部）、认可（我尊重你这个个体）并且会无条件地倾听（我会认真倾听你的每一个需求）的基础之上。

迷失型依恋

迷失型依恋的孩子会交替出现前面提到的两种依恋类型：焦虑型依恋和回避型依恋。他不会持续对父母表现出一贯的态度，有时他会尽量远离父母，有时他又试图讨好父母。

破坏孩子稳定情感状态的，首先是父母不可预测的行为。为避免发生这种情况，我们要牢记态度一致性对孩子情绪的平衡至关重要。因此，我们绝不能上一秒冲着孩子大吼大叫，下一秒又对他笑容满面，更不能前一刻认可，下一刻就对他视而不见。因为孩子的情感平衡首先取决于您自身的平衡，您的痛苦就是他的痛苦。您的爱滋养着他，您的认可是他逆境前行的动力和依靠。

不安全依恋的三大敌人

·**不可预知的反应。**父母如果总是乱发脾气，过度发泄，无视、嘲讽、伤害孩子，就很有可能破坏孩子的方向感，导致他迷失方向，最终失去自我表达能力。有时他会自创一个幻想中的世界，说服自己不在意任何人。

·**愧疚感。**您总是对孩子说："你是我生命中唯一的快乐源泉。""你不在我身边时我很难过。"其实这是在他心里播下愧疚感的种子。您的孩子会感觉自己要对您的情感负责，而不会去感受或表达自己的情感。

· **无视。**如果您忽略孩子的感受，就会让他难以与您建立起信任和可靠的关系。任何时候都要对孩子的反应保持敏感，多表达"你怎么样了？""我一直在听你说话"。

树立监护人权威

"我知道对孩子说不，对他有好处。教会儿子尊重他人很重要，至少在理论上我对此是深信不疑的，但是我更想给他自由，让他做自己。我觉得树立权威很难，因为他还那么小，萌萌的可爱极了，他有的是时间去面对生活和人生的悲欢离合，而且我觉得树立权威是父亲的事，我只想精心呵护他，我不知道具体该怎么做，不想扮演父亲的角色……理由千奇百怪，对我来说，权威终究是相当难以确立的。"

母亲伊莲娜（32岁），宝宝安东尼（18个月）

学会对孩子说"不"

倾听和理解孩子是件好事，而放任自流只会对孩子有害。多尔多①说："什么是权威。权威就是太强时让人受不了，不够时让人感觉有点被抛弃，好像大家对我们毫不在意。"临床心理学家迪迪埃·普勒②在《从孩子王到小霸王》（De l'enfant roi à l'enfant tyran）一书中指出："某些精神分析假说认为，用回击或惩罚来应对孩子的愤怒会造成孩子的心理问题，这些假说不利于权威的树立。然而，孩子的均衡发展必须设定权威。让他学会接受挫折，才能帮助他从快乐原则过渡到现实原则。"

---

① 弗朗索瓦兹·多尔多（Françoise Dolto）：法国家喻户晓的儿科医生，儿童教育家，儿童精神分析大师，在全世界都有较大的影响力。
② 迪迪埃·普勒（Didier Pleux）：法国成长心理学博士，临床心理医生，精神疗法专家，著有多部重量级教育问题著作并担任法国认知疗法研究所所长，畅销书包括《不失控地表达愤怒》《幸福儿童》《专横的大人》等。

我不喜欢对孩子说"不"！

您一开始对孩子说"不"，最后又总对他说"是"，这时他就会感到迷茫……让孩子听话就要制订规则，最重要的是让他遵守规则。规则要有一定的严格性，这是非常有益的。对孩子说"不"并让他接受是需要时间的，因此您要耐心解释，面对他的任性哭闹时坚持原则。如果态度不坚定，孩子就会觉得只要稍微闹久一点，他就能得到自己想要的。因此，我们需要树立态度坚定的父母权威，它是良好教养的一个关键因素。

接受"现实原则"

孩子一出生就要面对父母，面对他人。他在互动中遵循两个基本原则：快乐原则——在母亲怀里吮吸母乳；现实原则——他必须等待有人来抱他，喂养他。这些都是他生长发育的基本保障。从幼儿期开始，他就必须在这两个基本原则之间建立平衡，这样才能为他未来的茁壮成长打好基础。随着岁月的流逝，快乐原则会越来越盛：吃饭、玩耍、和爸爸妈妈在一起……

小婴儿慢慢长大，逐渐学会接受现实原则：要耐心等待才能吃到奶瓶中的奶，到饭点才能吃饭，晚上得先洗完澡再睡觉。日积月累，孩子就学会了接受每天的小约束。他得留心一些小事，比如不能随处乱扔东西，甚至在他很小的时候就要象征性地帮父母一些忙。

他将学会亲自动手。行动起来，把事情做成，这样他就会觉得自己有能力，进而会在现实和快乐中学习。

新生儿只有原始本能。根据精神分析学的解释，需求和快乐是由欲望的满足带来的，而现代心理学则认为这是由生存本能决定的。

孩子长大时，要帮助他接受现实，就必须建立安全边界。因此，用词必须贴合现实。"我去接个电话，两分钟就回来。""我得去开个会，出发前先来个大大的拥抱。""我知道你饿了，我在做饭，你可以先吃块苹果耐心等候一下。"……要让孩子接受现实，就需要大人的关注和爱护，为未来高质量和尊重父母的亲子关系打下基础。

萌生欲望

弗洛伊德①认为，从快乐原则过渡到现实原则是自我发展中最重要的进步。然而，两者并不能相互替代，快乐仍然是人类心理的基本组成部分。现实使个体趋于理性，辨别是非与善恶，需求与欲望……通过整合现实原则，个人会为自己寻求获得快乐的途径。快乐原则的盛行会影响到欲望的出现，如果孩子在想要之前就已经拥有了一切，他就既感受不到欲望，也不会感到快乐。挫折和权威会教孩子在现实世界中寻找让自己满足的事物。

---

① 西格蒙德·弗洛伊德（Sigmund Freud）：奥地利精神病医师，心理学家，精神分析学派创始人。

权威管理从小开始

从孩子 3 岁左右开始就让他做些力所能及的事，他会感受到自己的进步，从中获得乐趣，并且还能受到表扬。这种做法听起来很简单，似乎不会对权威产生积极影响，但实际上要复杂得多，意义也更加深远。孩子会更乐意做事，而且这种想法将越来越强烈，因为孩子做的事情越受重视，他就越乐在其中，这是对行为的积极强化。强化的作用可能会很大，能让父母在孩子小时就温柔地树立起权威。很多家长在让孩子做家务时都会有所顾忌，他们认为好父母就应该替孩子完成好一切大小事务。然而，自主行动的孩子会从做事中获得自信，感到自己变得更强大、更有能力，从而获得自信心和自主性。

权威没有性别之分

迄今还有一些人秉持严父慈母的观念，它源于拉康①的"父性功能"概念：父亲必须介入到母婴融合的关系中来。拉康认为，父亲本就是法律上的唯一责任承担者。精神分析学说支持拉康的这一理念，认可父亲在儿童教育中的地位，即担任规则制定者的角色，给孩子设定边界和禁令。

不断变换的父亲角色

这种观念与当今现实格格不入。父亲的角色已经发生了变化，父亲们希望更多地参与育儿过程，陪孩子玩耍、交流并照顾孩子。一些父亲不一定愿意当家里定规矩的那个人。

如今，社会对父亲角色的固有看法也发生了改变，人们逐渐意识到实际生活中更具权威的往往是母亲。一方面，她是感受到宝宝失落情绪的第一人：孩子需要喝奶、抱抱、亲亲……另一方面，她还是

---

① 雅克·拉康（Jacques Lacan）：法国心理学家，哲学家，提出了镜像阶段理论，是第二次世界大战后最具独立见解，也最有争议的欧洲精神分析学家，被称为"法国的弗洛伊德"。

陪孩子时间最长的人。其实，母亲在日常生活中对孩子说的那些小禁令是出于母爱和保护孩子不受伤害的初衷，例如，不要往脸上扔东西，别探出窗外，不要在墙壁上涂鸦……

权威和慈爱没有性别之分，最终哪个占上风取决于每个人的个性。父母应该根据自己的能力来划分角色，为孩子设定边界。

更具建设性的权威

随着日常家庭生活的变化，社会对权威的定义也在不断变化。如今，掌握权威不是指对别人行使权力，而是指要帮助他人成长。

父亲也好，母亲也罢，他们的存在都是为了爱护和培养自己的孩子。如果说爱是浇灌心灵的沃土，那么权威就是让孩子茁壮成长的守护者。重点是父母要设定边界，无论谁是最常执行规则的人，父母都要共同商定要孩子遵守的规则。

当父亲发现了与孩子接触和互动的乐趣，并与小家伙建立了另一种亲密关系，那么父亲自然会在孩子那里拥有更多权威，因为他说话的声音更低沉，语气往往也更加坚定。如果母亲语气太过温柔，那她很可能要重复多次孩子才会听进去。父母双方都要发挥权威的作用，孩子需要这两种权威来成长和构建自我，并不断进步。

权威不会抑制创造力

幼儿在墙上或桌上画画的行为看似随意，实际上他们是在进行边界试探。他们想知道什么是被允许的，什么是不被允许的，而不是为了发挥创造性。只有当幼儿成长到中班年龄段，能遵守部分约束时，人们才能开始衡量他的创造力。常见的一个误解就是，权威会抑制创造力，这也是一些关注孩子全面发展的家长会觉得难以运用权威的原因。

家庭概况

托德·吕巴[①]介绍："人们对学生的创造力与家庭权威性之间的联系进行了研究，发现了三种特

---

① 托德·吕巴（Todd Lubart）：耶鲁大学心理学博士、巴黎第五大学心理学教授、《创造性心理学》一书的作者。

色家庭，即严格型家庭、宽松型家庭和随意型家庭。第一类家庭会制订严格的规则，'晚上 7 点到 8 点之间可以看电视，其他时间不行'。第二类家庭制订的规则比较宽松，'晚上 7 点到 8 点之间可以看电视，但其他时间也有例外'。最后一类家庭不制订规则，'孩子想看电视就看'。在严格型或随意型家庭结构中，孩子的创造力发展得很差。"

困难的环境

创造性活动是指以约束为中心的自由发挥的活动，比如给定一个主题或标题来绘画或构思故事……由此可见创造性活动中规则约束的重要性。从小不受约束的孩子在规则束缚中很难坚持完成练习或锻炼，从而难以充分发挥出自己的创造力。

此外，传统的校园教育环境并不以提高创造力为首要目的。创造性想法不一定是人们真正期待的想法。人们希望孩子能给出正确答案，也就是所谓标准答案。正是由于对标准答案的重视和追求，传统校园环境潜移默化地引导孩子采用同一种思维方式进行思考。

合适的边界

创造性来自独特创新，对所处情境有一定的要求。过于严格的边界会阻碍独特想法的自由表达，因为人们不允许规则被破坏，他人的自由意见很难受到重视。过于宽松的边界就无法提供必要的严谨性来确保思想的充分构建。除了束缚"太多"或"太少"之外，我们对孩子缺乏欣赏的态度或孩子对失败的过度恐惧也会影响创造力的发挥。因此我们需要鼓励孩子努力去尝试、试验，而不仅仅只在孩子成功时才去肯定和鼓励他。

什么活动能发展创造力？

我们可以让孩子进行一些能够激发创造力的活动，而不是那些被动接受信息的活动，如看电视、打电子游戏，或是参加需要标准答案的教育活动等。有的活动看似能让孩子活跃，实则约束性极强，没有创造性，比如让孩子按照预定的颜色在方框里涂色，按照数字提示

> 作画……创造性活动是指不需要标准答案，能让孩子有一定的自由表达能力的活动：画画、搭积木、角色互动等。游戏不设太多规则，可以自由发挥，这样才能够促进孩子想象力和创造力的发展并发掘出他的兴趣爱好。

创造力并非与生俱来，它是一种由经验、家庭、学校和文化环境培养出来的智力技能。孩子生活的地方会影响他创造力的发挥。创造力属于教育的一部分，可以通过适当的家庭教育来培养。因此，家长要把握好度，设定的边界既不能太多，也不能太少。

设定基础边界

"我的双胞胎孩子快把我逼疯了，我不知道什么重要，什么不重要。有时我不准他们干某件事，有时我又允许他们干，这要视我的疲劳状态或心情而定。我说的有些话他们会听，有些话则不然。我害怕做得不好，让他们吃苦受罪，怕自己要求太严格。"

母亲安吉力克（29岁），双胞胎蕾雅和康坦（2岁）

　　如今有很多家长感到很迷茫，他们对育儿失败的恐惧越来越明显。家庭中的夫妻双方通常都有工作，晚上回到家已经不想再莫名生气，大家会尽量避免冲突，消除对立并努力建立轻松愉快的关系。此时礼貌的请求比命令式的要求更有效，父母会对孩子说："请帮我一个忙"，而不是"听话"。

　　孩子是社会的中心。孩子们时常会面临一种诱惑——一种商业诱惑，它以一种闻所未闻的方式引发父母的愧疚感。有些商业广告隐晦传达着这样的信息：要想孩子快乐，就要购买他们的产品讨好孩子；宠爱孩子，就要立即满足他的需求。（但这实际上却降低了孩子的探索欲。）父母如果有时未能满足孩子的要求，就会觉得自己不是好父母……所以，许多父母没有自信，不知道该如何通过有效教育来树立权威。例如，从什么年龄段开始给孩子树立权威？如何体现父母的权威？又如何让权威发挥作用？接下来，我就说说如何通过设立边界来树立权威。

必须设立的三种边界

从孩子远离父母视线、学习爬行开始，他就会面临受伤的风险。因此，从小就给孩子设定安全边界非常必要，比如不能触碰电源插座，不能喝妈妈的香水等。当然，孩子还小时对什么都没有概念，因此每天都必须向他们重复这些规则。孩子在18个月到24个月左右开始进入著名的"总是说不"时期，他们会尝试跟人对着干，这时父母需要用原则和耐心使孩子理解父母并听话。

安全边界

通过早期反复对孩子说"不"来确保他的安全，孩子就能理解最初给他设立的那些看不见摸不着、却又不能忽视的最重要的安全边界。当然，孩子在这个年龄段对边界没有概念，因此父母要记住，教育需要不断重复。孩子还小时，通常不会有什么异常行为，他们只是渴望在自己的区域里进行运动尝试，自由地寻找、触摸、攀爬……他们更乐于去探索和感受周围的环境，而不是去跟人对着干。

然而，孩子的探索行为使家长不得不为确保他的安全和舒适而设定安全边界。首先提醒他，"不，不要靠近烤箱！"对他的兄弟姐妹说："别把一汤匙滚烫的土豆泥扔他脸上！""别咬你的兄弟！"最后，告诉他："别把水杯乱扔在地上。""别拿着扫帚玩！"

尊重边界

在孩子 18 个月左右就可以开始制订尊重边界。这时孩子正进入一个开始接受自己欲望和自我身份认同的阶段，他会试图通过区别于他人的行为来让自己显得与众不同。因此，他会陷入冲突，从而做出不尊重他人的行为。比如，他会用敲玩具来表示不满，在您叫他过来的时候拒绝，推开您递给他的奶瓶……孩子对抗行为的背后，表达了他希望自己与众不同的愿望，希望成为一个独立于您的个体。因为，他更多的是以自己的方式存在，面对他人的期待，他大部分时候会说"不"而不是"好"。孩子差不多 18 个月大时，他说的"不"多表肯定。
您家小宝贝会跟您说"不，我不要这个酸奶"，但
是最终还是会吃掉。因此，只要稍加幽默和技巧，
孩子的这类拒绝就很容易变成接受。与父母假装看
不见孩子的反对或选择故意回避相比，父母看到孩
子的反对后表现出来恼怒会使孩子的对抗行为持续
更久。

日常边界

遵守日常规则是建立良好亲子关系和确保家
庭生活安宁祥和的关键。因此，适当地规定和明确
日常边界就很重要了。要求一个 2 岁的孩子保持身
上干净整洁，衣服脏了放进脏衣篮，主动摆餐具，
这太过夸张。过多的日常规则会使规则失去效力，
孩子不知道如何确定优先级，会因为长期处于压力
之下而产生愈加强烈的反抗念头。

如何应对孩子的拒绝？

具体来说，面对不肯穿衣服的孩子，我们可以提议玩一个游戏："我数到10，你把袜子穿上"，这样做游戏一直到孩子穿戴整齐为止。您还可以用其他方式激励他："来，今天晚上我们给爸爸一个惊喜，我们要趁爸爸还没来得及催就赶紧去洗澡……"

如何有效地设立边界？

正如我们所看到的，边界会随着年龄的增长而变化。对于幼儿来说，最重要的就是安全边界，然后是尊重边界，最后是日常边界。因此，边界的层次需要根据孩子的年龄排序。如有疑虑，可以少定边界，但是安全边界和尊重边界必不可少。

从疑惑到确信

孩子需要明确的边界。无论年龄大小，孩子都

不应该攻击父母，同样，兄弟姐妹之间也不应该过
多无道理的争吵。我们可以在日常规则的制订上更
灵活一些，但前提是父母双方都同意规则的内容。

从深爱到温情

父母忙得没有时间陪伴孩子，就无法制订明确
的规则让孩子来遵守。要想让孩子听取并接受规
则，首先需要满足他对安全感的需求，只有这样他
才会把边界当作稳定情感的一部分。对于幼儿来
说，身体接触很重要，他们需要身体上的接触，并
且不要有太多规则约束。对于跟大人对着干的孩子
而言，事情会变得更复杂，冲突会随着身体接触的
减少而增多。因此，父母还是要继续无条件地表达
爱意，温柔地抚爱他，关注他，赞美他，这样孩子
才会听得进去父母订的那些规则。所以，回家后先
抱抱孩子，然后再照管家务，这样做会减少孩子的
逆反行为。其实孩子的这种对抗行为不过是为了寻
求你的关注罢了。

从文字到解释

解释往往是必要的，它可以帮助孩子接受规则而不是去挑战它。不管是安全边界、尊重边界还是日常边界，孩子都要知道它们的作用。因为要想让权威发挥作用，就必须让孩子理解规则。不管是在实质上还是形式上，孩子都会拒绝理解不了的事物，拒绝别人将事物强加给他。因此，温柔耐心的解释对树立权威同样必不可少。

从重要到多余

安全边界先于尊重边界，尊重边界先于日常边界。规则过多会扼杀规则，因此要根据孩子的理解和吸收能力，循序渐进地制订和增加规则。不到 2 岁的幼儿理解能力有限，需要有人不断给他重复规则，而有些规则一旦解释清楚并且重复几遍后，就不需要再反反复复地提醒。尤其是提醒几次之后，孩子就会知道，不能打父母或兄弟姐妹。他也会很快理解您下达的指令，不需要您重复十次他才执行。父母要看孩子是否理解规则，对规则是否配合，从而做出恰当反应，而不是反复说教，这样才能达到让孩子配合的目的。

自我反省

您已对安全边界或尊重边界进行多次强调并反复解释，孩子却在明显已经理解的情况下依然故意犯错，那么通过罚站、让他平静下来自我反省或暂时制止的方式来教育孩子就变得尤为重要。此时孩子会发现自己孤零零一个人，不能自由玩耍，就会对自己的行为后果不满，他很聪明，知道自己的这种不按规则行事的行为行不通，满足不了自己的需求，这时他就会改变策略。等他自我反省后，一定要向他重申让他反省的原因和应该遵守的规则。反省时间一般建议不超过 1 分钟 / 岁，可根据行为的严重程度或拒不服从的程度适当延长。

适应性深度对话

"我一直想给孩子我不曾拥有过的东西，给他们无尽的爱，耐心倾听他们的心声。教会他们用语言表达痛苦和难过，我们作为孩子的家长，应该在与他们的频繁交流中教会他们如何与他人建立起完整的关系。我觉得树立权威没用。"

母亲赛琳娜（36 岁），女儿艾米丽（7 岁）

和儿子加斯帕（5 岁）

自 20 世纪 70 年代以来，在社会变革和优秀教育家的影响下，一些家长在"放任自流""任其长大"的方向上越走越远。他们寄希望于孩子自然而然地懂事，他们也重视交流沟通。这是"沟通"的一代人。只是，现在这些父母也意识到，只跟孩子交流沟通是不可能阻止他们做傻事的。因为七八岁以下的孩子还没到懂事的年龄，他们理解不了，也接受不了父母订下的所有规则，所以仅仅通过交流对话难以让他们遵守规则。

我们应该什么都跟孩子说吗？

在沟通中，真话是必不可少的。知道自己被告知真相，孩子就会与父母处于一种相互信任的关系。如果不告诉他真相，让他对情况一无所知，可能会把他推向您的对立面。但是，用词须符合他的年龄，特别是他的理解水平。说真话的同时不要对孩子造成伤害或心灵冲击。

这就是为什么得在必要时告诉孩子："今晚我很累（压力大或生病），你最好听话，否则我可能会反应过激、生气。"

将这句话听进去的孩子说明他很信任自己的父母，如果情感基础稳固，他就容易感同身受而不是一味地反对。但是，解释也需要挑时间。有时家长需要根据孩子的理解程度判断孩子是否已将规则内化吸收，自己的解释是否清楚明了。

谈判：可行，但是……

谈判非常重要，它能教会孩子发展自己的论点，同时还能带来双赢的解决方案，让大家找到自己的方向。在日常生活中，规则可以灵活运用。谈判会吸引孩子的极大兴趣，甚至还可以避免反抗。与其问孩子想穿什么，不如问他："你喜欢蓝裤子还是红裤子？"孩子喜欢发挥自己的自由意志，从而不会进入反对的状态，选择绿色蔬菜或户外活动也是如此。

然而，正如我们所看到的，并不是所有的事情都可以商量。有些规矩很严格，比如尊重父母，不能在桌角附近打闹等。每个孩子都要明白，生活中的规则有些具有灵活性，但有些是不能打破的。

然而，家长们通常希望关心、体贴、理解孩子，因此会更多地采用说教方式，排斥用打骂来惩罚孩子，从而为维护家长的权威增加了难度。

成为理智型父母

大多数父母都会自然而然地关爱孩子，因为每个人都希望自己的孩子快乐健康。因此，他们会为了让孩子们开心而对他们有求必应，为使孩子免受伤害而向他们隐瞒亲人的离世，可谓爱子心切。和孩子说话，给孩子拥抱，温柔以待，从不惩罚，这

种看起来有爱的教育态度，从长远来看，是否真的
对孩子好呢？

从宠爱到理性守护

宠爱是从短期的角度出发（对孩子的任性妥协
让步），而理智则是退一步（从一个看似违背孩子
或父母即时利益的行为开始），对即时满足孩子要
求产生的后果看得更远。比如宠爱型家长会给孩子
喂饭，避免他自己拿勺吃饭弄得身上脏兮兮的，理
智型的家长会选择多陪伴孩子学习，让孩子自己吃饭。

理性守护就是做好安排，给孩子时间，让他学
会自己洗漱、穿衣。学习不可能一蹴而就，要相信
孩子，给他几周或几个月的时间，让他按照自己的
节奏来学习、成长。从长远来看，这是皆大欢喜的
结局，孩子变独立了，父母也不再需要负责这些日
常琐碎的事务。

首先，理智型父母教育孩子时需要花更多的精
力，需要父母接受自己对孩子来说不再是不可或缺
的事实。其次，还需要宽容，接受孩子在学习过程
中的失败和不完美。

我儿子脾气不好，你知道的！

提前告知老师，让她对孩子的行为有所了解，这是善意的做法。但是善待孩子，不是把他框定在一个典型的角色里，对他的所有行为进行定义。因为孩子是非常实诚的，他可能会试图让自己成为父母所期望的人。因此，善待孩子的方式包括避免预测结果，不给孩子贴标签等。

小测验

您是宠爱型父母
还是理智型父母?

1.3 岁孩子的爷爷去世了。您会瞒着孩子吗?

会。他太小了，您会回避这个话题，避免给他带来心理冲突。

不会，您会用他能理解的话告诉他。

2. 您的孩子在超市吵闹着要买糖果。您会买吗?

会。如果他哭了或一直吵着要，会买。您想避免他在超市大吵大闹。

不会。您不会对孩子的愤怒让步，但会想办法安抚他。

3. 遇到认识的人，您会允许孩子不打招呼吗?

会。您不会为此烦恼，毕竟孩子还小。

不会。至少您会让他跟对方说声"你好"。

结果

至少2个"会"：您倾向于宠爱地对待孩子，属于宠爱型父母。

至少2个"不会"：您倾向于采取以爱和理性守护孩子的态度，属于理智型父母。

第二章

内部约束

孩子就像一株美丽的植物，需要监护人采用坚定恰当的养育方式，让他一步步健康成长。我们首先要树立正确的权威。对于有关权威的问题，我们需要先整体理解，再个别理解。读过"继承的故事"后，您也许会对阻碍您正确和坚定履行监护人职责的内部约束有进一步了解。

继承的故事

　　"我的父母说我从小就是个模范孩子，从不生气、任性，从来没有逆反的毛病，但我的儿子总是和我对着干，我不明白为什么。在我的印象中，我们好像错过了什么，也许是我们对他的关注度不够，也许是我们有些缺席他的成长，或者是没给他足够的自主支配权。"

　　父亲弗拉德米赫（42岁），儿子莱昂（3岁）

　　孩子不再是天使宝宝，他变得沉默寡言，或者突然爱哭闹，不想跟父母诉说烦恼。我们的孩子需要得到肯定，展现聪明才智，检查周遭的环境，或多或少喜欢搞点小恶作剧。

　　现实中，树立权威应当采用温和且灵活的方式，这是父母爱护孩子的表现。但很多父母对权威有抵触情绪，害怕自己树立起权威后不再被孩子所喜爱，害怕自己不是完美的父母，因此很难有据可依地制订规则。而这就是本书的意义所在。

反对是孩子的天性

无论是学习还是自我身份认同，反对一直伴随着儿童的成长。儿童从僭越、破坏中不断学习、理解和适应生活，适应现实世界和学会与他人相处。

这对儿童来说很有帮助，会让他们逐渐掌握对未来的自主权，坚持个性，同时要求父母在情感和教育上重新找准自己的定位。

学习阶段

正如弗洛伊德、皮亚杰和瓦隆所述，儿童的不同时期以学习阶段为标尺进行划分。每个人都经历过不同的学习阶段，因此我们可以认为，每一次知识和经验的获取都是在质疑原来的边界：晚上睡觉，爱干净，自己吃饭、穿衣服、上学……面对每一个学习过程，孩子最开始都会试图反对它、试探边界、从父母那里得到所能得到的一切帮助：睡在父母床上让他们哄睡，什么都不收拾，让父母帮他穿衣服……多好。

但获得知识对孩子来说也是一种挑战，他有时需要克服困难，才能从依赖走向未来的独立自主。这个阶段可能会让他产生恐惧，于是他会质疑和拒绝。这时父母需要给予孩子充分的爱与陪伴，设定令人放心的边界。因为让孩子自己摸索前行、四处碰壁并不会让他欢呼雀跃，父母不如陪着他，直到他感觉到安全然后继续向前。

令人头疼的年龄段

学规矩有个关键阶段，有人称之为"可怕的两岁"，实际上这个阶段往往早在孩子 18 个月大时就开始了。这个年龄段的小家伙开始与大人争夺权力，想要掌握主动权。此时，家长要开始用坚定的态度和耐心让孩子倾听并理解大人的想法。

孩子在这个阶段会试图坚持自己的想法，向父母展示自己的能力，但还离不开父母。在这个年龄段，规则还没有被他接受。因此，孩子会不断挑衅，违反规则，并以此为乐。这往往是他考验父母、试探父母底线的唯一方式。

但是面对自己的全新认知，孩子也会不适，整个人呈现出没有安全感的混乱状态：他就是"他"，与父母、兄弟姐妹都不同。有时孩子会产生焦虑，会反抗，有时甚至在学习上退步或拒绝吸收新知识。

倒退性行为

孩子并不像家长想的那样能够随机应变，他需要时间来适应变化，需要时间来接受新的事物，因为他会缅怀过去，仿佛依恋着过去的自己。任何变化都可能引发孩子的行为倒退，当孩子的生活、行为基准、习惯发生变化时，特别是没人给他解释，自己又理解不了或没有时间适应时，他就会变得很不适应，成为"捣乱分子"。作为成年人，我们需要记住自己童年时也有过同样的疑惑和畏惧。这样我们会重新发现，其实自己小时候可能也是个"捣乱分子"，就能对该阶段孩子的叛逆表现有更深的理解，拉近自己与孩子的距离，对孩子的苦恼感同身受。

助长孩子"破坏性"一面的家长态度

·不加解释，将个人意志强加给孩子，未给孩子必要的尊重。

·给孩子制订行为准则，却没有以身作则，对自己的行为方式毫不质疑。

·在规则制订上与另一半意见不一致。

·力图始终满足孩子的要求，甚至超出他的要求。

·做不公正的事情，孩子也能感受到这种不公正。

·态度强势，或者正好相反，放任自流。

·溺爱孩子，或者恰恰相反，过于严厉。

父母的复杂处境

如果说改变对孩子来说很复杂，那么对于缺少灵活应对变化和终身学习能力的父母来说，改变甚至更加复杂。孩子每步入一个新阶段，父母就需要不断调整自我，然而父母接受的往往是过去的教育——对遇到的问题经常采取回避态度。

难以说出口的"不"

显然"是"字更容易说出口，尤其是对您深爱的人，对自己的孩子更是如此。父母对孩子说"不"并不常见，惩罚、打骂、看到自己的孩子哭，这违背了父母内心深处希望孩子快乐的愿望，与很多人在组建家庭之前想象的理想父母的情景背道而驰。父母觉得很难将"不"字说出口，是因为他们在"给予太多"和"给予太少"之间摇摆不定。有些父母希望自己是完美的父母，不能接受自己与孩子发生冲突，也不想对孩子说出拒绝和否定的话语，因为他们认为这样是失败的。

脆弱的自我认同感

　　按照艾瑞克·伯恩[①]的说法，我们有三种"自我"状态：在教育上发挥作用的父母自我，在决策上发挥作用的成人自我，在情感上发挥作用的儿童自我。艾瑞克·伯恩在他的《人间游戏》（Des jeux et des hommes）一书中阐释道：一些父母遇到的育儿困难，源于他们在"父母自我"上投入困难，而这要么是因为他们的"儿童自我"过于发达，要么是因为他们的"成人自我"欠缺发展。

待肯定的"成人自我"

　　艾瑞克·伯恩指出，存在这种无意识的障碍时，当务之急是通过自身努力，"逐渐意识到权威是对孩子的第一道保护"。当然，打骂孩子可能会在短期内"动摇"您的决心或给您带来痛苦，但这种痛苦并不是长期的。

　　每位父母都需要学会识别自己的潜在障碍，以便更好地克服它们。因为孩子要想与自我和平共

———————

① 艾瑞克·伯恩（Eric Berne）：相互作用分析学说创始人、精神分析学家。

处、健全自我，就需要感受到超越自我的、来自大人的"监管"，大人能够引导他，握紧他的手不让他摔跤、崩溃。

我怕做得不好

"我下达命令，重复命令都不管用，里奥一意孤行。他咧着嘴露出狡猾的笑容。我越是要求他做什么，他就越不喜欢做。我实在受不了了，再次试着对他说：'快点里奥，不然妈妈会生气的！'我知道自己的语气没多少说服力。实际结果是他大笑起来，我说的话没起一点作用！"

母亲维罗尼克（41岁），儿子里奥（5岁）

模糊的社会边界

许多心理学家认为，一些父母不能坚定地"反对"孩子，可能与代沟问题有部分关系。过去的教育似乎更简单，因为世界本身更简单。那时，外界影响——媒体、早教专家——并不那么重要。家长们也没有这么多问题。父母会达成某些共识，内心毫无波澜地打击孩子或者训斥孩子。

　　如今，在多种教育方式的建议指导下，很多人都在质疑自己设定边界的能力。这种质疑有时会伴随着严重的愧疚感——我很失败，我怕做错事，我不知道如何做好事情，我不是天生的好父母，等等。这种缺乏权威性、难以制订规则的原因是什么？我们接下来主要讨论这方面的问题。

缺乏自信

　　当成年人缺乏参照对象，看不到父母养育孩子的艰辛时，他们就学不会如何为父为母，不能投入到父母的角色中去。还有一些家长不仅仅会怀疑自己为人父母的身份，还会怀疑自己本身。他们缺乏自信，对自己的判断和决定没有把握，因为他们的父母以前不相信他们的能力，或父母对他们太过娇惯，以致他们没机会去证明自己的能力，又或者父母要求严苛，总是批评他们，以致他们一直觉得自己做得不好。最后一种情况，导致他们错误地认为：温柔有爱心就是好父母，而设定边界可能会让他们成为像自己的父母那样强硬的家长。

这些父母要么摇摆不定，符合弹性教育者的特征，要么属于放任型或解释型父母，执着于把事情做好，让孩子快乐。他们没有把权威看作是完整父爱母爱的组成部分。

教育行为摇摆不定

还有的父母在专制型和放任型的教育方式之间摇摆不定。他们希望下达的指令能起作用，又不希望冒犯或约束孩子。孩子察觉到了这种犹豫不决，于是开始挑战父母权威，只听他想听的，只尊重他想尊重的。于是，经常会出现家长已将规则重复多次，却没多大效果的情况。结果，过了一段时间，家长变得专制冷酷，有时会毫无理由地突然发火。

为了避免这种局面，父母需要共同制订一些规则边界，不容孩子讨价还价。边界无需太多，但必须能够管理家庭生活：安全边界、尊重边界，以及让家庭生活保持和谐平静的日常边界。

瑕不掩瑜

西格蒙德·弗洛伊德的这句话或许可以抚慰那些自我怀疑的人——想怎么做就怎么做，反正都会错。玛丽·波拿巴向他请教时，他就这么回答的。唐纳德·温尼科特对此深表赞同，他认为"母亲"不一定要完美，称职就行。父母的缺点可以让孩子走出与父母共生的状态，走向自我身份认同。其实，按照弗朗索瓦兹·多尔多和弗洛伊德的说法：成功的教育就是能让孩子在成长的过程中学会质疑，发现人都是不完美的，并学会理性看待他人和自己的不足。

边界：为爱添砖加瓦！

缺乏自信的父母，害怕做得不好或害怕不被孩子喜爱的父母，往往会把权威看作不爱孩子的表现。他们认为设定边界是非常粗暴的，只会让自己成为糟糕的父母，这让他们深感愧疚。但事实是权威并不会抢走爱，相反，它是爱的组成部分。父母可以说："正因为我爱你，才要教你什么是对的，什么是错的，让你快乐平安。"

我怕他不喜欢我

"蕾雅出生后我就只有一个愿望，那就是让她幸福，我想把自己拥有的最好的东西都给她，给她爱、很多很多的爱。我认为其他都是多余的，权威已经过时了，而且它会抑制孩子的天性。我希望女儿能开开心心，不用像我一样受那些没什么用的规则或边界约束。让我意外的是，女儿并非总是那么容易管教，她很少按我的要求去做，尽管我会尽量照顾到她的想法，但她并没有从中感受到快乐。"

瓦莱丽（44 岁），女儿蕾雅

担心不受孩子喜爱而对其放任自流

放任型父母说的和做的并不一致。孩子会认为父母并不是真的在要求他，因为父母并没有坚持原则到底。正是因为害怕得不到孩子的爱，父母才会做出这样的行为，他们更喜欢用友好的方式拉拢孩子。然而，父母应反思这种害怕产生的原因，要知道孩子对父母的爱不只取决于他的满足感。

孩子会懂得父母不可能总是什么都答应。此外，有调查显示，即使父母不对孩子的要求做出让步，孩子照样会爱他们。

一直很奇特的"故事"

父母明确拒绝采用权威型教育方式，可能与害怕得不到孩子的爱有关，因为他们或许就曾被过多的规则或边界约束，并且缺乏来自他们父母的爱和关注。还有的父母是因为他们从小缺乏父母的陪伴，或者没有感受到被爱。最后，还有一些父母曾经为了得到他们父母的爱，学会了总是说好，答应他们父母的一切要求，而这么做要么是为了在兄弟姐妹中脱颖而出，要么就是通过满足他们父母的要求来证明自己被爱着。

父母能改变自己的行为吗？

能改变。要做到这一点，父母需要明白：孩子不是用来弥补缺憾的，允许

> 孩子做任何事并不能消除自己以前所受的不当教育带来的恶劣影响。明令禁止一切，孩子并不一定会乖乖遵从，因为孩子要遵守的规则实在太多，因此，要保持耐心。父母与孩子之间的关系也是人际关系中的一种，处理起来很复杂实属正常。

　　害怕孩子不爱自己的父母一般都曾经历过亲情的缺失，因而会从自己的孩子身上寻求弥补。但重要的是，父母需要确定自己曾经经历过什么，并且需要明白自己将与孩子经历的是另一段人生之旅。

父母之爱超越世间一切

　　有这种想法的父母时常认为给孩子爱和关注就足够了。虽然爱和关注可以避免情感上的匮乏，但只有爱与关注是远远不够的。要想让孩子对自己所拥有的事物和正在经历的事情感到快乐，挫折教育是必不可少的。没有学会尊重父母、尊重他人、尊重规则的孩子，将不会接受和遵守禁令，也难以管理欲望、享有快乐。

有时父母不得不扫孩子的兴，反对他，让他不开心、产生挫败感。孩子可能会说："我不喜欢你了！"此时，慌乱不安是没有用的。要想孩子安全地构建自我，父母就需要告诉他如何分辨是非对错和好坏善恶。若是太想得到孩子的爱，就很可能做不到给孩子提供这些对其成长至关重要的参考准则。

您的孩子是否经受不住挫折？

以下是迪迪埃·普勒在《从孩子王到小霸王》（De lenfant roi àl'enfant tyrant）一书中对五种过激态度的定义。

过度刺激：为总是受刺激的孩子不断安排活动，这样他就难以关注自我，只会一直期待更多的刺激。过度刺激会造成孩子个性偏执、很难包容他人。

过度沟通：过多言语会让孩子脱离现实的原则。说得太多会让一些家长在日常生活中无法要求孩子听话、遵守规则，因为孩子知道，父母只是说说而已，不会真的惩罚他们。

过度消费：比如食物、电子游戏等。当孩子沉浸在即时满足的快乐世界时，就会难以接受快乐和欲望的延迟满足。

过度保护：父母出于保护孩子的目的，总是为孩子的所作所为开脱，"是老师不好。""这个小孩不该拿你的玩具，你打他是对的。"……这样做会让孩子误认为他无需为自己的行为负责，可以肆无忌惮、任性妄为。

过分看重：反复对孩子说"你是国王，你是最棒的"，孩子就会误以为自己真的是国王，是最棒的，进而觉得对（包括父母在内的）其他人发号施令也是对的。

我不想让他受苦

"我的首要任务是不让孩子受苦。生活如此艰难和残酷，只要他还在我的庇护下，我就想看到他笑，希望他开心、无忧无虑。有时人们会指责我们为孩子做得过多，但是一切为了孩子，这就是我们的快乐。从他出生以来，我们就将自我搁置一旁，把生活重心全放在了孩子身上。"

吕克（38 岁）

拒绝树立权威

父母难以树立权威可能有多种原因：想在孩子面前创造一个积极的父母形象，让孩子觉得自己是好父母，让孩子在迎接生活的重击前尽可能保持快乐，等等。父母可能经历过困难时期，与自己的父母发生过冲突，所以希望自己的孩子能避免这种情况，或者父母可能曾受过欺负、被各种条条框框所限制，或接受过权威型教育，从而选择反对权威型教育。为了不让孩子难受，他们不会给孩子设立规则边界。

夫妻间的竞争

夫妻之间有时可能会为了赢得孩子的爱，在对孩子的关注和宽容方面相互较量。有的夫妻希望通过与孩子维持一种令人满意的关系以取代受挫的婚姻关系。他们把孩子视为心肝宝贝，无法拒绝孩子的要求。在现实中，父亲或母亲的职责是爱自己的孩子，而不是不惜一切代价去寻求孩子的爱和认可。父母的爱不是时刻"讨好"孩子，而是从长远出发，教育好孩子。

需要克服的恐惧

父母需要知道，不能总是去讨好孩子。孩子是一个正在成长中的生命个体，需要合适的规则边界帮助他成长。父母需要做出平衡：倾注亲情、立规矩、请求孩子帮助。如果父母总是不断满足孩子的要求，孩子就会任性专横。父母应拓宽自己的兴趣范围，也要设定边界，教会孩子离开父母的怀抱并独自成长。

让人放心的边界

我们看到，边界会让孩子安心，有的父母不给孩子设定边界，就如同飞机上的飞行员不知道目的地，孩子越是明白规则，规则越是清晰、稳定、公平，孩子就越能将规则内化。因此，父母在他面前需要有坚定的立场，规则准许时让他大胆去做，规则禁止时不准他做。制订规则和执行规则同样重要，否则就没有权威可言。

相互作用分析学说下的
奉献型父母

您喜欢精心呵护孩子，拥抱他，给他足够多的爱。您和亲近的人一起照顾孩子，把孩子看得比自己还重要，并且没有感到丝毫不妥。孩子的幸福就是您的幸福。

您爱他人，为他人着想。您会提供建议，必要时守护在他人身边，帮助他们。您不遗余力，时刻警醒，适时地鼓励和激励他人，还会提前做好准备。您做得太多，以至于其他人往往无事可做。

您对孩子也一样，会在他们还没来得及开始的时候就率先采取行动，却常常把自己累得精疲力竭。别忘了，孩子需要通过试验来了解自己的能力。奉献型父母如果太过宠爱他们的孩子，可能会导致孩子缺乏自信。

我不会做!

"我和儿子卢卡斯在一起很辛苦，他想怎么做就要怎么做。而且，这段时间以来他对弟弟很凶，有时甚至完全不理睬我的要求，尽管我花了很大工夫告诉他不能这么做，但他一点都不听。尽管我依旧认为沟通交流必不可少，但不得不承认，面对他的种种行为我束手无策！"

莎乐美（30 岁）

父母觉得自己尽了一切努力却还是没有达到所想的效果，毫无疑问，这是因为他们没有恰当地树立权威。

对话至上

如果只有对话，对规则只做简单的解释，孩子不守规则也不会受到惩罚，那么他为什么要遵守？难道仅仅是因为他懂事？首先，儿童在 7 岁前并不是什么都懂，而到了懂事的年龄之后不一定会讲道理，他会有样学样！孩子懂事了就会听话，这样的想法往往是不切实际的，不爱学习的孩子不会因为有人跟他说作业很重要就会去做，他会想尽办法拖延。如果他没有受到惩罚，说明他的策略是可以达到目的的，那他为什么要改变自己的策略？他只会更加为所欲为。

边界摇摆不定

孩子很聪明，他会权衡边界是否牢固，是否可以绕过，绕不过的话，是否应该去适应……他很清楚，规则改变了就不再是原来的规则了，如果今天必须严格遵守的规则，明天不一定要遵守，在这种情况下，他不会屈服，或者说只会些许屈服。如果您对他和兄弟的吵架很少干预，那他为什么要停下来？如果他在打人时，您没有次次干预，那他为什么要停止打人？如果因为他也受伤了而原谅他一次，下次因为他哭了又原谅他……如果打人能够轻易获得原谅，那他为什么要改变自己的行为呢？边界摇摆不定，会让他认为在您看来他打人这事儿也并不总是错的。

边界不统一

最后是边界不统一，要么是因为父母没有设定相同的边界，要么是因为父母对孩子的行为导致的后果严重程度评定不一样：父母一方认为后果严重而另一方却认为不严重。孩子身体好的时候就惩罚，累的时候就不惩罚。孩子会将这种差别偷偷记在心里并随机应变，最终导致父母在教育上丧失信心。

如果处罚方式不一致，一次打屁股，一次面壁，一次解释，孩子就会感到迷茫，迷失方向，不遵守规则或边界，认为父母不那么可靠。因此，要正确树立权威，统一的边界至关重要。

行为强化

莎乐美的让步让儿子明白，拒绝可以让他得到想要的东西，打人不一定会受到惩罚。孩子的大脑会储存这种信息："当我说不的时候，我就会得到想要的东西"，而行为的重复会强化这种认知。久而久之，他就会对这种认知深信不疑，充分行使母亲给予他的权力。

行为心理学认为，对学习的理解是基于对行为的观察。行动之后伴随的要么是"正强化"，如奖励，要么是"负强化"，如惩罚。这就是个体的学习方式。在莎乐美的案例中，孩子通过反对得到了他想要的东西，于是他习惯了反对、拒绝服从。

第三章

原生家庭潜移默化的影响

▼▼▼▼▼▼

我们对孩子所采取的教育方式，和其他许多行为一样，是对原生家庭影响的传递、重复或拒绝。

原生家庭的影响让我备受困扰

"那个时候家里不会共同讨论如何设立规矩，我们没有选择，必须遵守父母订的规矩。以至于现在我面对那些规矩不仅不会去质疑，还会快速地适应并做出反应，而且几乎是自发的、自然而然的反应。我认识到曾经的经历给自己造成了很大影响，甚至有时会给我造成困扰。可能我总体上赞同自己成长道路上所接受的教育方式，但我还是会因一些非主观意愿的行为感到无措，而且我还很难改掉这些行为。"

吕西（42岁）

条件反射

也许很多人会对父母说："我不会像你们那样教育自己的孩子！"然而他们长大成人后却发现

自己在走父母的老路。有多少人在冲动教育后如此说道："我感觉好像在自己身上看到了父母的影子！"屈服于权威是因为从小就被调教、约束，形成了条件反射。条件反射的力度和超前性恰恰说明为什么对亲子教育方式的质疑会如此困难，以至于许多父母会不自觉地重复他们父母采取的教育方式，无论这种教育方式是好是坏。

潜移默化的影响

如何解释这种条件反射？我们可以将其解释为教育方式的重复，家长的控制，日常的探索……正是儿童和成人之间物质上的不平等导致了前者对后者的物质依赖，使条件反射成为可能。这种情感心理的不平等导致的后果就是对成人的理想化、全能化想象，对不被爱和被抛弃的恐惧。我们在不知不觉中受到父母的影响，按照他们传给我们的经验、规则和观念行事。虽然孩子长大后对成人的依赖减少了，但条件反射并未消失。

持久的信念

"责任在前，快乐在后。""所谓勇敢，就是默默承担痛苦。""吃亏是福。""要想被爱就要善良。""好父母要严格要求。"每个人心里都留有带着童年印记的话语。它们对孩子产生了如此深刻的影响，以致变成了坚定的信念，即使有时是错误的信念，也影响着成人的某些行为。

幼儿如何看待自己？起初，他对自己的看法无非是来自父母的评价。这就有点像在一张白纸上写上文字和语句，尤其是那些随着时间推移让人产生信念共鸣的话语。血缘关系赋予了孩子对父母最初的绝对信任，孩子认为父母的话就是真理。孩子会因为父母的话充满前进的动力，或者相反，觉得举步维艰。而成人的一生都会打上这种童年的烙印。

重复的力量

在约瑟夫·梅辛格[①]看来，在强烈情绪影响下不停重复的某些词语或句子，会在人的脑海中留下

---

① 约瑟夫·梅辛格（Joseph Messinger）：心理学家、语言和非语言沟通专家。

印记并影响行为。口头语言传达的情绪可能是积极的或消极的，褒扬的或贬低的，激励的或抑制的。它对信念的影响取决于口头重复的次数多寡和对孩子情感刺激的强弱程度。

错误信念表单

把您认为消极的观念制成书面清单，并将其转为更理性的观念。您如果觉得很难做到，可以尝试和身边的人一起讨论，以便将其与他人看待事物的方式进行比较。您可以填写一张突出行为和思想的表格，并在此基础上慢慢改变自己的观念。

引发焦虑的行为	自我反思或错误观念	合理化思维	安抚心理和行为
孩子放学回家后不理我。	我做了什么让他生气的事伤害了他，或者是我陪伴他的时间不够多……	他回到家很开心，但只和妹妹、玩具待在一起，小孩子通常如此，他的这种态度不是我造成的。	一想到孩子不会一直捣蛋下去，我的心情就可以平复下来，也有时间继续做其他事了。

引发焦虑的行为	自我反思或错误观念	合理化思维	安抚心理和行为

有用的诊断

为防止不自觉地重复父母的教育方式，没有真正将自己的想法传达给孩子，反思和不采取过于强烈的对立行为就显得尤为重要。意识到原生家庭的影响有助于摆脱这种影响的束缚，而夫妻内部或朋友之间公开探讨权威问题可以让我们更好地理解原生家庭的影响，通过协商可以使夫妻双方对教育方式做出更一致的选择。

小测验

原生家庭在权威教育上
对您产生了什么影响？

幼年时的生活对您今天的教育方式产生了什么样的影响？想要了解自己的性格并调整自己的行为，请进行下列测试。

1. 您的父母：

a. 好动手打人，他们经常打您。

b. 采用柔和的教育手段，很少打您。

c. 对您很温柔，从来不打您。

d. 一方待您温柔另一方则相反。

2. 您会说自己的父母：

a. 很公正。

b. 太严格。

c. 很随和。

d. 一方要求严苛另一方则相反。

3. 您的父母传递给您的主要价值观是什么？

a. 自由。

b. 苛求。

c. 宽容。

d. 平等。

4. 您认为您家的家庭氛围曾经是：

a. 稳定的。

b. 令人安心的。

c. 紧张的。

d. 令人窒息的。

5. 您将自己的权威喻为：

a. 帮助您前行的拐杖。

b. 让您飞翔的翅膀。

c. 至今禁锢着您的牢笼。

d. 束缚您的紧身衣服。

6. 您认为法国 1968 年五月风暴中的口号"禁止'被禁止'"是：

a. 生活的核心规则。

b. 只与成人有关的重要原则。

c. 异端邪说，我们必须遵守某些限制。

d. 和其他规则一样，都有例外。

7. 权威的主要功能是：

a. 通过剥夺孩子的自由来限制他。

b. 解放大人，限制孩子。

c. 为孩子的自由设定边界。

d. 爱孩子的最重要的手段。

8. 您希望自己的孩子：

a. 和您一样接受的是温柔的权威。

b. 拥有您曾缺失的自由。

c. 和您一样拥有严格充满爱意的生活边界。

d. 拥有您儿时缺少的安全环境。

9. 您认为自己天生：

a. 性格坚定。

b. 性格温和。

c. 对有些事情要求严格，对有些事情要求宽松。

d. 面对同一条规则有相互矛盾的心理。

10. 对您而言，权威和爱：

a. 是相互对立的。

b. 同等重要。

c. 权威对个体构建至关重要。

d. 爱与对话能够弥补权威的不足。

结果

如果遇到两种符号，请将两种符号整合并将主要倾向保留到最后。

	1	2	3	4	5	6	7	8	9	10
a	▲/■	★	♥	♥	■	♥	♥	■	▲	♥
b	★	▲/♥	▲	★	★	★	▲	♥	♥	★
c	♥/★	♥/■	■	■	▲	▲	★	★	★	▲
d	★/■	★/■	★	▲	♥	■	■	▲	■	■

如果▲居多，说明您在教育中可能存在暴躁倾向。

权威是您的核心价值观，您深受权威影响并对其坚信不疑。它教会孩子在社会上生活，教会孩子守规矩。它还让成人享有自由时光。您不太喜欢例外情况，在您看来，它们会让您没有安全感。对您来说，过度权威总比过度放任要好。您需注意不要过分限制孩子的个性，尝试运用幽默和表扬的方式表达，它们能让您更温和地设定边界。

如果★居多，说明您倾向于温柔坦诚地对待孩子。

对于您来说，爱之深责之切，这就是您过去所学到的并且也在身体力行的。权威能让孩子获得安全感，也让孩子们在边界与边界之间获得更大的自由，您鼓励高质量的交流与共处，它是学会尊重他人的保障，在与他人的相处中至关重要。您很清楚如何在温柔、倾听和权威之间达到平衡。您的孩子深知这一点，因为您给予了他们必要的倾听和温柔时刻，让他们在信任和爱中长大。您的孩子也因此体验到权威是一种积极的爱的表现。

如果♥居多，说明您在教育中倾向于与孩子保持亲密无间。

您认为权威是消极、无用和暴力的。也许您儿时曾经历过权威教育，所以您很抵触这种教育方式，或者说从根本上反对"培养"孩子的理念。您认为只有通过无条件的、不受约束的爱才能使孩子发展个性和创造力。您接受自己孩子们之间的众多差距，因为对您来说，他们眼前的幸福或喜悦更重要。您可以做到不运用权威教会孩子尊重他人。如果您不想让自己心力交瘁，可以尝试采用奖励制度。

如果■居多，说明您在教育中有冲动倾向。

您的教育方式有些自相矛盾，有些事情会让您极为恼火，反应激烈，有些事情则不然。您有时要求严格，有时又要求宽松。您摒弃了自己经历过的一些教育方式，试图按自己的意愿建立一种全新的教育方式。对您来说，爱比权威重要，宽松好过专制。不过对孩子来说，您一定要是可信赖的，要做到这一点，就要明确基本规则，让孩子愿意听话，但是不要对他大喊大叫。

有其母必有其女

"女儿蕾雅和我一样性情活泼，我一个人将她抚养长大，为了给她设定边界，我经常需要参考母亲的教育方式。我和女儿的关系非常融洽，我很爱这种母女关系，很难做出她不认同的决定，虽然我马上就意识到自己可能做得不恰当，或许在自欺欺人，但赞同她的意见会让我觉得安心。"

奥罗拉（32岁）

过度关系

孩子缺乏自信可能是由于父母总是批评他，也可能由于某些过于亲密的亲子关系，这类关系不允许孩子有"自我"。于是在他人的阴影下或对批评的恐惧中，孩子未能发展自己的个性。在这种情况下就很难制订一个坚定明确的边界，奥罗拉与女儿的经历就是如此。她是母亲，但首先是她母亲的女儿。这种关系看似让人放心，却有一种依赖性。一直保持儿童姿态的成人，如果不按人们对他的期望去做，或者更糟糕的是，按照自以为的人们对他的期望去做，他就会以一种隐秘、非理性的方式体验到强烈的愧疚感。

对孩子过度关注可能有害

唐纳德·温尼科特认为，孩子年幼时，母亲对他的感情超乎寻常，这是正常的，也是必要的，然而当孩子长大后，母亲对孩子的这种过度关注有时会演变成持续的干涉。试图控制孩子的一切，这就变得有害了。

让孩子感到窒息的父母是无法适应孩子不断变化的需求的。即使父母想提前预料或满足孩子的愿望，但最终依然倾向于听从自己的意愿，而不是倾听孩子的心声。在这种情况下，孩子要学会表达个人需求、变得独立自主、有自己的个性和喜好、走向自我身份认同，就变得相当困难。

温尼科特的真假自我

唐纳德·温尼科特所说的虚假自我是父母行为对婴儿个体的格式化构建所造成的。出于对不被爱、不被认可的恐惧和希望讨好他人的想法，孩子习惯于抑制自身的部分需求，而这些被抑制的部分也是自我的一部分，即"迷失的自我"。因此，童年时期逐渐形成的个性会发展成让其获得肯定和赞赏的特质，摒弃让人拒绝和反对的特质，这就是我们所说的"虚假自我"或"社会自我"。真实自我则体现了每个个体的创造潜能，即自信、稳定、情感的平衡和做自己的快乐。虚假自我呈现的是一种替代的身份，表现出不惜一切代价渴望获得他人眼中的存在感，或者相反，表现出明显缺乏自信。

自我效能感低的思维模式

有的人总处于自我效能感低的思维模式，经常沉浸在愧疚感中。然而，真实的自我不能得到发展，又怎会有其他的动机思维模式？如果父母为了一点小事就自责，行动前多番质疑自己，只有在得到他人认可时才敢放心做决定，那么在面对自己的孩子时也会如此。这些人进行自我批评主要是因为感觉自己能力不够，缺乏自信。

熟视无睹

有的人不敢拒绝，不懂得说不，觉得自己有义务答应他人的任何请求并常因拒绝他人而感到愧疚、自责，会一直做出父母所期望看到的反应。正如相互作用分析学说所言，这种反应其实是儿童根据观察到的情况会做出的反应。因此，我们要改变自己的想法，激发成人自我或父母自我，而不是儿童自我。只有这样，我们才能采取适当的行动或做出恰当的反应。

不健康的传输

在畸形环境中长大的孩子，也就是说在父母精神控制下长大的孩子，仍然会受制于父母的内心欲望，即使父母心中批评的话语并未说出口，孩子也容易感受到并受此影响。经历过情感勒索的孩子会为讨好父母而活，他们觉得自己身上承载着父母的幸福。他们在畸形的家庭氛围中成长，发现自己身处的地方不属于自己，会产生更强的责任感和负罪感。

征服自我

诚然，过于干涉孩子的父母让孩子免去了单独做决定的风险，但父母在孩子尚未提出任何要求时就提前满足其欲望，这样的做法并没有帮助到孩子构建自我人格。这些孩子通常是焦虑的，他们很难知道自己想要什么，几乎无法明确自我身份。长大成人后的他们往往会缺乏自信，为讨人喜欢而顺从他人，先满足他人再满足自己，将自己置于依赖型关系中。对于曾在儿时被剥夺了单独做决定的权利的父母来说，拒绝做让母亲满意的乖宝宝是迈向成人自我的重要一步。

我的父亲很专制

"我的父亲在家里说一不二！我们四个女孩必须穿着整齐，作业本要摆放得整整齐齐，卧室要收拾得干干净净，在桌前时要坐得笔直，要乐于助人，在家随时得知道该做哪些事，做饭、打扫卫生、熨烫衣物、缝纫……我从小接受的就是旧式教育，这给我留下了很深的印象，这种教育常常毁了我的生活，我对自己的生活很不满意！"

本尼迪克（53岁）

原生家庭的不良影响

愧疚感通常与自我要求过高有关。精神分析学

家弗雷德里克·方热[1]在《完美主义心理：往往要更
好！》（Toujours mieux! Psychologie du perfectionnisme.）
一书中是这样描述的：父母不停追求完美，对孩子
永远不满意，却又不重视或者很少重视孩子的真正
需求，总是要求孩子做得更好或更多，将他们给予
孩子爱的多少与孩子取得成功与否挂钩。我们有必
要找出可能有害的批评或消极用语，稍加变通，使
之具有积极意义。

认知行为疗法的思维模式

认知行为疗法认为，非理性的信念
或思维容易导致个体出现功能性症状或
问题。阿尔伯特·埃利斯[2]最早将行为与
思维联系起来，他认为，我们都坚持着一

---

[1] 弗雷德里克·方热（Frédéric Fanget）：精神科医生、心理治疗师，
任教于法国里昂第一大学，著有《医治受伤的自信》等广受欢迎的
畅销书。他被人称为"综合型"治疗师，帮助人们通过行为疗法来
改变自己，通过认知疗法来理解自己，利用存在和冥想疗法来追求
自己的人生意义。
[2] 阿尔伯特·埃利斯（Albert Ellis）：美国精神分析学家、临床心
理学家。

套在童年时期学到的信念和价值观体系，这套体系制约着我们的行为方式。杰弗里·杨①还发现了受童年信念直接影响的内在思维模式。根据认知行为疗法，治疗的主要目的是通过帮助当事人改变错误信念以及不合理的思维来改变他的行为。

需要改变的思维方式

正如行为治疗师所建议的那样，要克服童年信念带来的影响，就必须识别出错误的思维方式，也就是那些从小继承下来的错误信念，并尝试用适当的思维方式来改变自我，以消除心中的焦虑或愧疚。例如："我对孩子一次表现不好并不代表自己就是个差劲的母亲，犯错乃人之常情，做一个完美母亲既不可能也不可取。"重要的是要用更理性的思维来代替之前反复出现的非理性思维。

① 杰弗里·杨（Jeffrey Young）：美国心理学家。

错误信念

错误信念是指含有"总是"或"从不"之类的全面肯定或否定词汇的语句，是暗示个体无能、限制个体的内在秩序的语句，如果不听从这些话语，我们就会陷入深深的不安之中。我们行动时好像被人遥控指挥，如果不听从指挥做出其他举动，就会感到焦虑或愧疚，这很可能是由一种非理性思维所导致的。这是一种你不会质疑，还将其当作真理的错误信念。

最好的朋友就是自己

把自己想象为自己的一位女性朋友，为她提出建议，为她答疑解惑，这样能让我们更容易摆脱愧疚感。最好是将可能会说的内容记录下来，然后再读一遍。这样我们就能获得最好的建议，因为它来自我们自己！

无效的权力运用方式

一些家长毫不质疑地重复专制型教育方式，对孩子实施管教，却发现孩子变得更加叛逆。尽管有的孩子在过度的权威管教下选择屈服顺从，但有的孩子会奋起反抗。这种情况下的黄金法则是，不要将权力与权威混为一谈。如果父母采用暴力解决方式，抓住孩子的臂膀摇晃，打他屁股，那父母就不是在利用权威，而是在利用大人的权力行事。孩子在小的时候会屈服，但等他长到青少年时期或变得更强大后可能就会变得叛逆。同样，不应将专制与威信混为一谈。威信更多的是关于分享、尊重、信任，专制则不然。

与生俱来的权威

成人之于孩子有着与生俱来的权威。一般来说，成人更聪明、更有经验、更强壮、更有魅力。但是，作为强大的成人，需要先暂时放下这些优势，才能更好地理解孩子。正如我们所看到的，父母需要智慧地爱孩子。孩子对爱的渴求永远不会知足，即使是那些让他们感到窒息的爱。而确保孩子拥有安全感是父母的责任，这种安全感来自父母无条件的爱和合理的权威教育。

审慎的边界

适度的权威是指孩子能在其中找到令人安心的边界。霸道的父母往往认为自己做得都对，他们希望给孩子的人生创造最佳机会，教会他遵守秩序。但这可能会导致孩子产生焦虑、悲伤等情绪问题，或产生行为问题（逆反行为）和学习困难。为了解决这些问题，倾听孩子的心声是必需的，理解他并向他解释为什么要遵从权威。当然，如果权威行使的力度过大，领域过广，孩子接收的信息过多，就会出现无法全部遵从的情况。

"我设的禁令太多"和"我很少设禁令"可能会带来的风险

我设的禁令太多

· 如果禁令主要涉及生命危险和周围环境可能带来的危险，孩子就会对他人产生恐惧或不信任他人。

· 孩子可能会失去自信心，难以坚持自己的想法，感到害羞，难以表达自己的观点。

· 孩子可能会因为过度压抑欲望、思想，害怕被批评而产生病态心理。

· 孩子以后可能会有叛逆行为。

我很少设禁令

· 孩子迟早要面临边界的限制，他不会明白为什么人们不再像以前一样包容他。

· 他可能会变得脾气暴躁，不断试探边界，让身边的人感到疲惫和厌烦。

·他可能会面临很严重的选择困难，因为选择意味着放弃其他的可能性。

·他的要求会越来越高，永不知足。

·他不习惯于考虑他人的感受和观点，可能难以处理复杂的社会关系。

·他会拒绝各种形式的权威，这可能会导致恶意行为。

我和母亲根本不一样！

"我有一个很严厉、不怎么疼爱我的母亲，我深受其害，因此我希望做一个'真正'疼爱孩子、善于倾听孩子心声的家长。母亲牺牲自己，含辛茹苦把我们五个孩子拉扯大，但她很严厉，对我们要求很苛刻，我们必须尊重她，尊重她订的规则。我一直觉得母亲愚钝，固守古板的道德准则，忘记了生活的本质，我从小就讨厌那些条条框框！"

吕克（45岁）

危险的释放

有的父母之所以拒绝树立权威，是因为他们深受其苦，对他们来说权威就意味着权力和专制。还有的父母虽然得到了他们父母的爱，但因为偶尔过度的权威留下了记忆的创伤。自然而然，他们就站在了曾经接受的教育的对立面。他们会避免和过度的权威，有时甚至会走向另一个极端——拒绝树立任何权威。

补偿的心态

由于担心孩子会像自己一样受苦受累，父母会采用相反的教育方式。他们希望孩子不要遭受同样的"折磨"，因为他们太清楚曾经的经历给自己带来的伤害。这是出于一种防御和补偿的心理，家长之所以会这么做，通常是因为他们小时候经历过暴力或冷漠的对待。

拒绝树立权威

因内心拒绝而无法设定边界，意识到这一点

后，父母可以请求第三方（配偶、信任的人……）的介入，帮助自己找出无意识的心理障碍和产生的原因，然后尝试重新投入"养育孩子的父母"的角色中去。记住，正确树立权威是爱孩子的表现，能培养孩子更好的内在品质和帮助他们建立良好的人际关系。

儿童版心理治疗师的风险

有些父母把孩子当作心灵"创可贴"或心理治疗师，期望通过亲子关系修复自己的童年创伤。他们想让孩子过上自己不曾拥有过的童年生活，期望从孩子身上获得他们未曾得到的亲情和关注。这种情况是家长被放在了"患病孩子"的位置上，而孩子被置于"成人治疗师"的位置上。然而，为了孩子能健康成长，孩子是需要待在儿童的位置上的，并且在获取知识和学习的过程中需要有成年父母的陪伴。父母应该与孩子保持适当的距离，并在爱和权威之间取得适当的平衡。

父母太严厉

"我的母亲常娇纵孩子，还被我未成年的哥哥打过。一直以来我暗下决心，不会像她那样软弱，不让这种模式在自己身上重演。我希望当个好母亲，但是我很迷茫，不知道该怎么做，这让我觉得自己的立场不是很坚定，甚至我有时会对儿子过于严厉。我担心自己和母亲一样软弱，又害怕自己要求太严格。"

玛丽安娜（39岁）

追求完美

玛丽安娜的母亲想当个完美的母亲，把自己最好的东西给孩子，乃至在太多事情上放松管教，骄纵孩子。当女性的行为和教育方式受到她对完美母亲的追求的影响时，就会常常感到焦虑或愧疚。这样的母亲会过度关注孩子，可能会对孩子的成长产生负面影响。正如我们所看到的，提前满足孩子的欲望会导致孩子没有自己的欲望，不会表达自己的喜好，难以承受挫折，使得孩子不能为充满挫折的现实生活做好准备。

该说"不"时就说"不"

怀胎九个多月并为一个生命负责，是根植于女性身体的生理自觉。母亲身上担负着来自母性本能的责任感。不仅如此，她们还要承担孩子的教育、后勤保障等社会责任。她们有时会因自己的不同角色而感到无所适从：员工、母亲、伴侣……经常感觉自己在各种身份之间疲于奔命，为了整个家庭的和谐幸福而精疲力尽。因为劳累，她们只想立刻休息，有时在孩子的教育上难免有所松懈，此时她们就需要通过适当的权威来确保家庭生活的质量，该说"不"时就说"不"。

学会说"等一下"

有时孩子急于寻求答案，我们会为了满足他的需要立刻做出回答，这样的答案往往不够完善、准确，过后我们可能会有愧疚感，觉得自己做得不对，说得不好。那么，再次遇到这种情况时，我们可以这样跟孩子说："晚些时候再告诉你答案，一小时后，等我做完事情，真正有空的时候再好好回答你。"

社会对母亲的苛求

社会对母亲的看法与对父亲的看法截然不同，它对母亲要求更高。人们认为，即使女性获得了新的工作岗位、新的自由，也没有权利短暂抛开她母亲的身份。这种错误的观点只会增加女性的压力并使得每个人都感到疲惫。在这种社会压力下，女性经常对自己做得"不对"的地方进行反思，思考怎么做才能表现得更好，这会使一些女性深感愧疚、疲惫和挫败，同时还会对她们的家庭产生负面的影响。相反，人们认为，新一代的父亲更温柔、更有爱、更有存在感，他们只要稍微参与到育儿中或是经常出现在孩子身边，人们就会对他们持正面看法。

母亲的自我牺牲

一些女性长期在原生家庭的影响中挣扎，难以为自己而活。她们牺牲事业，选择将生活的重心转向孩子，这对孩子来说也是一种压力，孩子会因此背负沉重的负罪感和偿还母亲为他做出的牺牲的无力感。做出牺牲的母亲屈服于道德和社会要求，自己忍受苦难，因此很难在教育孩子上一直表现良好。并且，她或许还未摆脱儿童自我，没有建立自己的教育观。要扭转这样的局面就要改变错误的观念，家长需要反思自己的教育观以摆脱父母对自己的影响，将自己从某种程度上的儿童、受教育者，转变为成人、教育者。

学会反抗

别去听从什么内在秩序，多花点时间在自己身上，星期天早上睡个懒觉，某个下午找美容师做个美容，拒绝不必要的聚餐，让孩子他爸去约见孩子的班主任……让我们为维护个人生活品质做些小"越矩"行为，让自己和他人能够和平相处。

我的父亲母亲

第四章

父亲母亲：不同文化的碰撞

▼▼▼▼▼▼▼

原生家庭的影响使我们遵照原生家庭传递给我们的规则和观念来行事。父母双方带给孩子的影响肯定是不同的，这就会造成规则的不稳定性，难以有效树立权威。

两段不同经历的相遇

　　"我对此毫无办法。我天生没有权威。我像母亲一样，而母亲又像姥姥一样。对我们家的女人来说，对孩子说'不'一直是种可怕的煎熬。就我而言，当要提高嗓门教育9岁的儿子莱昂德时，我感到有些困难。此时我的丈夫就会代替我来教育他。情况就是这样……"

希尔薇（37岁）

确定原生家庭影响

　　希尔薇家是否存在教育的遗传性？这个家庭的情况就是这样？不，不是这样，生活中从来没有"就是这样"。纯粹的宿命论并不存在，没有哪个父母天生就是放任型或专制型的父母，有的只是受原生家庭影响的父亲和母亲，他们模仿或摒弃了从上一辈传承下来的价值观，这对设定更加宽松、更加专制或更加平衡的边界产生了决定性影响。成为父母后，需要对原生家庭的影响提出质疑，也要去面对它，理解它，但与原生家庭的影响和解，说起来容易做起来难。

一种无意识的记忆

原生家庭的影响是一种无意识的个体记忆，它有时会促使我们采取逃避策略，与配偶同样无意识采取的策略发生冲突。长大以后的孩子对儿时的经历有两种反应：一是对所受教育的顺应性重复，二是与所受教育的背道而驰。无论是何种经历，重要的是识别和理解原生家庭带来的影响，以及这种影响造成的夫妻之间的理念差异。

梳理原生家庭带来的影响

弗洛伊德无疑是最早提出原生家庭的影响的人。他强调，要实现个人发展和取得成就，我们就必须从父母的权威带来的影响中解脱出来。这是一项艰巨的任务，过程往往坎坷曲折。因为原生家庭带来的影响非常深刻，会导致人无意识的模仿行为。成为父母，意味着我们要处理好儿童自我、心中对自己父母的敬佩和责备、我们希望成为的父母三者之间的关系。

教育方式

常见的教育方式有两种。首先是专制型教育方式，这是一种传统的、等级制的教育方式。它以权力和知识为基础，依靠惩罚、不断下禁令和让孩子畏惧来达到教育目的。从表面上看，这种教育方式相当有效，但从深层次看，过多规则或边界其实阻碍了孩子的个性成长，使孩子变得容易焦虑，缺乏自信。还有一种教育方式是放任型教育方式，在这种教育方式下几乎所有事情都由孩子自己决定。父母只对他提出建议，不对他施加任何强制管束。从表面看他很开心，但他内心也是焦虑的，因为他需要独立承担每一个决定带来的结果，而他还没有准备好如何面对其中那些不好的结果。

复杂的真相

这个真相就是父母在育儿问题上经常会意见不一致。意见相左可能是因为双方采用两种完全不同的教育方式，也可能是因为在具体要求上有小的分歧。比如，父母中的一方要求孩子在家时必须严格遵守规则，而对就寝时间未做严格要求，另一方在就寝时间上要求严格，但在其他事情上却没那么严格。父母应该提前讨论需要设定的规则边界，决定哪些情况需要惩罚，哪些情况需要表扬等。

小 测 验

夫妻之间在采取何种教育方式上
能达成共识吗?

在教育方面，夫妻双方是否面临诸多分歧? 您是否与孩子发生许多纠纷，时常与孩子关系紧张? 您是倾向于通过协商做出一致的决定，还是倾向于坚持自己的立场?

1. 夫妻内部的教育原则不同:

a. 有时候。

b. 几乎没有。

c. 一直都如此。

2. 要惩罚孩子时，您不赞同:

a. 惩罚方式。

b. 惩罚原则。

c. 惩罚介入的方式。

3. 配偶的教育行为：

a. 常常惹恼您。

b. 偶尔会让您生气。

c. 和您的不一样，但是您能接受其中的差异。

4. 您怎样参与对方的教育方式：

a. 定期介入。

b. 一直介入。

c. 从不介入。

5. 自从当了家长，您改变了对配偶的看法：

a. 是的，我对他（她）的看法变好了。

b. 是的，我对他（她）的看法变差了。

c. 没有，我并没有真正改变对他（她）的看法。

6. 在您看来，教育的差异是：

a. 正常和建设性的。

b. 不可承受的，它是造成关系紧张的根源。

c. 不可接受的，具有破坏性。

7. 你们设法讨论教育问题：

a. 很少。

b. 从不。

c. 经常。

8. 您认为共同教育就是：

a. 接受分歧，保持教育的灵活性。

b. 做出让步。

c. 把自己认为最重要的传递出来。

9. 家庭关系紧张是：

a. 频繁的。

b. 永久的。

c. 偶尔的。

10. 为改善关系，您准备：

a. 在某些问题上不固执己见，与配偶商讨，但在关键问题上不会让步。

b. 全权负责孩子的教育，在至关重要的问题上不会让步。

c.对配偶的做法睁只眼闭只眼，即使这样会让自己有挫败感。

结果

	1	2	3	4	5	6	7	8	9	10
a	★	★	▲	★	♥	♥	★	♥	★	♥
b	♥	▲	★	▲	▲	★	▲	★	▲	▲
c	▲	♥	♥	♥	★	▲	♥	▲	♥	★

如果♥居多，说明你们夫妻生活和睦，在教育方式上容易达成共识。

你们对于孩子的教育方式虽然有不同的看法，但总的来说，你们会达成共识。尽管偶尔会因为孩子的问题感到夫妻关系紧张，但您并不会质疑自己的基本教育原则。虽然原生家庭给你们带来的影响不同，但随着时间的推移，你们已经找到了沟通的桥梁，如果遇到权威方面的问题，可能是由于教育原则的不完善导致的，而不是由于缺乏商量。

如果★居多，说明你们夫妻关系紧张，在教育理念上冲突较大。

你们在很多问题上意见不一致，导致你们与孩子的关系以及夫妻之间的关系时常紧张。由于您发现很难谈论分歧并找到共同点，达成一致意见就变得更加艰难。你们的教育期望不同，这种期望是指你们接受并希望传达的教育理念所带来的结果。您想通过努力寻找您与配偶之间的新共识来缓和夫妻之间的紧张关系。如果您遇到的困难与树立权威有关，那么接下来的章节会对您有帮助。

如果▲居多，说明你们夫妻在教育方式上存在很大的分歧，协商时会遇到很大困难。

原生家庭带给您的影响与带给配偶的恰好相反，或者您的反应模式与家庭需要的模式相互矛盾。一方或双方都曾经历过困难阶段并萌生出顽强的意志来反抗，要么恰好相反，原生家庭影响如此之大或已刻入基因骨血中，不容许任何人置疑。因为原生家庭的影响过于深刻，您很难去自我质疑，夫妻间的冲突才会更加激烈。本书对改进家庭关系可能会有所裨益，但是如果个人不肯做出改变，那么夫妻之间最好的解决办法就是寻找第三方介入调解，进行家庭治疗。

我们的教育原则截然不同

"自从孩子出生后，我们夫妻关系紧张的原因主要集中在孩子的教育问题上。随着时间的推移，我们发现了问题所在，我们坚持自己的立场这并不稀奇，某些价值观的传承在我们看来是必须坚持的。"

艾丽西亚（32 岁）

意见分歧

意见不同常被当作一种烦恼，然而，有时候有分歧是件好事，预示着问题不止一种解决方法，也不止受一种思维方式支配。出现不同观点时，思维就会活跃起来，这能促进个人的发展，有时候，分歧比共识更好。寻找教育共识并不意味着所言、所思或所感都要与对方相同，相反，要真实地表达自己的感受，说重要的事、烦心的事、希望做的事，以便交流和进步。这并不总是那么容易，成年人往往会采取与他们的痛苦经历相反的教育方式，因为他们曾深受其害。

补偿机制

　　如果父母采用宽松纵容或独断专行的教育方式，孩子将会站在与之相反的立场，而且往往会产生强烈的逆反心理或行为。如果大家都在对立的思维模式中成长，那么协商就会变得复杂。大家远远地站在孩子身后，以自己的方式来爱孩子，希望能够理解他，包容他的一切，或者恰恰相反，试图把控他的一切。父母都有一个共同的目标——让孩子独立自主。亲子关系是所有情感中最强烈的，因此也会产生最过激的反应。心理治疗师维吉尼亚·萨提亚①曾指出，日常关系紧张，很容易一发不可收拾，形成恶性循环。

----

① 维吉尼亚·萨提亚（Virginia Satir）：知名的心理治疗师和家庭治疗师，家庭治疗的先驱，被《人类行为杂志》（Human Behavior）誉为"每个人的家庭治疗大师"。已在中国出版的著作有《萨提亚治疗实录》《萨提亚家庭治疗模式》《新家庭如何塑造人》等。

协同评估

为人父母，花时间去梳理跟教育有关的经历很重要。比如，我们可以在纸上列出我们从原生家庭继承到的、认为积极的教育原则，以及我们正在模仿的、认为不合适的教育原则。还可以列出遇到的阻碍（缺乏自信、愧疚等），并尝试制订策略来克服。最初，夫妻双方可以各自行动，然后再积极讨论并达成一致意见，其目的是设法采取"开明"的教育方式。这是一种协同一致的教育方式，它由夫妻双方的共同信念组成，让人们不再像从前那样虽然内心反对对方的教育方式却依旧选择妥协。

思维的自动性

只要反应过于情绪化，日常教育就会产生压力。儿童或配偶的行为会给个体构建造成恐惧、焦虑、愤怒……

根据阿尔伯特·埃利斯的"认知"假说，思维会增加情绪反应。因此，当有情绪反应并进行内心对话时，通过挖掘这些内心独白，我们能学会更好地思考各类事件，然后更好地生活。

识别每个人的信念

有些信念来自原生家庭，我们该如何控制它们带来的影响？首先就是要努力识别灌输到我们日常行为和家长行为中的父母信念。然后要认真思考以下问题：哪些话语中的信念影响到了我们，又是如何作用到我们自己的孩子身上？拒绝，重复还是逃避这些信念？作为成人的我们如何看待这些信念？它们是积极解脱的还是消极禁锢的？

内心对话

正如阿尔伯特·埃利斯所建议的那样，"争论"是有用的，对信念、内心需求进行探讨才能学会对教育换位思考。必要时，可以先在纸上写下内心独白来论证："为什么我常常会有这样的反应，让我做出这种行为的想法是什么，它们是否合理，我可否用理性去质疑它们然后虚构一个或多个其他更理性、更舒缓的想法？"

若是难以进行内心独白，如果有一个让我们可以与他轻松讨论且关系不错的人，我们就可以选择与他来进行"内部"对话，这个人可以是朋友、心理医生、配偶……

接受不同现实

必须从整体出发考虑现实问题：夫妻间原生家庭影响的差异、彼此个性的差异。毕竟教育孩子是夫妻双方的责任。这意味着我们必须面对分歧，必须进行讨论，甚至还会因此产生冲突。冲突也是一种语言，一种平衡夫妻关系和家庭关系的沟通方式之一。冲突是有用的，因为通过冲突可以知道每个人的边界，从而更好地对夫妻和家庭的选择进行重新定义。通过冲突，家长可以重新维护自己的权威，孩子可以要求多一点关注或自由。冲突可以通过重新分配每个人的职责和期望，来促进个体的充分发展，进而促进整个家庭的平衡。

对话 —— 平衡的保障

任何形式的语言交流都要比闭口不谈和误解好得多。即使是狂风暴雨式的讨论也不错，因为它们能排解苦闷，让对方知晓自己的感受。因此，夫妻二人和家庭的每个成员都可以表达各自的需求并设定自己的边界。冲突是获得尊重，与他人和谐相处的一种方式，因为人们首先要与自己和谐共处，而正是这些日常的冲突维持着每个人的自由和个性。

阿尔伯特·埃利斯所说的
我们的信念

我们的脆弱从何而来？我们的病症、心灵创伤、心理疾病从何而来？据说，当阿尔伯特·埃利斯被问到这些问题时，他努力引用爱比克泰德①的观点："困扰人们的不是事情本身，而是人们对事情的判断。比如，封闭的空间本身并不可怕，但对于幽闭恐惧症患者来说是难以忍受的，是非常恐怖的。"阿尔伯特·埃利斯一生都致力于理解和寻找人们恐惧、成瘾、精神病、抑郁症、焦虑症的起因，并将其与我们的信念联系起来。这就意味着我们或多或少都坚持着自幼形成并

---

① 爱比克泰德（Epictète）：古罗马最著名的斯多葛学派哲学家之一，是继苏格拉底后对西方伦理道德学说的发展做出最大贡献的哲学家，是真正集希腊哲学思想之大成者。他把注意力集中在对具体的生活伦理学的思考上，重心性实践，主张遵从自然，过一种自制的生活。他的思想对后来的哲学与宗教都产生过深远的影响，他的学生阿里安记录了他的许多谈话，整理编纂了《爱比克泰德语录》。

强化的信念和价值观体系，而其中有些信念或价值观给我们造成困扰，阻碍我们的发展，有时还会抑制我们的思维。

举个具体的例子。在 A 点发生了一件事：您的孩子在哭泣，因为您惩罚了他。在 C 点：您觉得很郁闷，刚才让孩子难过了。在 B 点，您对自己说道："我不知道如何让孩子幸福快乐，不知道怎么照顾他，我能力不够！"您认为是 A 导致了 C，其实这是错误的想法。在这个例子中，B 也就是您的观念才导致了 C。因为您坚信自己该做的没做，自己能力不足，为此很沮丧。从现在开始改变错误观念，专注于行动的积极面，您会轻松许多。

我担心太过专制

"十多年了，我花了很长时间才意识到，我对儿子行使的权威只是想要摒弃过于宽松放任的教育方式。我父母践行的是绝对的'什么都允许''什么都明白'的教育方式。如果说用在我身上的效果还不算太差的话，那在姐姐身上的教育就是彻底的失败。她如今依旧靠着父母生活，拒绝工作，因为在她看来，父母的钱足以让她过上好日子，她花天酒地，只顾自己，不顾他人。做了父亲后，我就下定决心不让女儿蕾雅重蹈我姐姐的覆辙。"

弗洛朗（40岁）

善于质疑

无论接受的是什么教育，即使我们对它完全接受，也要保持质疑的态度：有没有做得过分的地方？教育方式是不是太刻板了？有没有可能对话交流？……对人们极力排斥的教育方式也要提出疑问：难道这种教育方式完全没有可取之处？反之会有哪些危害？设定边界没有用吗？……但大多数时候，只有伤害到孩子或家庭时，人们才会提出疑问。

自我修炼

人们往往是带孩子去看心理医生时才发现原

生家庭给自己带来的影响，弗洛朗身上就发生了这样的事。"蕾雅曾因太压抑而感到焦虑，而且她非常腼腆。她的心理医生在没有让我感到愧疚的情况下跟我说，也许我应该放轻松，我的教育方式可能太过专制，让孩子感觉太过压抑，让人喘不过气来。我决定去接受治疗，却发现原生家庭对我的影响极大地左右着我的抉择和制订日常规则的方式。"治疗有时候是必不可少的，因为它可以发现即使是有效的对话也无法发现的无意识行为。

走出困境

当对话不可能再进行时，为避免夫妻感情破裂，有必要找个调解人，这个人可以是立场中立的朋友。但很多时候，夫妻感情濒临破裂时最好考虑找专家帮忙：为了家庭团结和孩子的均衡发展，这值得一试。没有什么比不沟通和暗暗斗气更具破坏力，长此以往只会造成更多痛苦，经常会导致分歧大到难以解决。但人们常常没有意识到夫妻关系紧张的背后隐藏着相互对立的个体机制。

对个人经历的有益回顾

对于一些父母来说，为人父母是修复童年的一种方式。除了当下需要纠正的情绪、行为，有时还需要留意隔代长辈的教育方式，这样或许就能理解父母为何会产生愧疚感，他们过去可能接受了太过放任或太过专制的教育而产生了修复童年创伤的需求。

大家都应该根据各自的意愿对家庭、婚姻和代沟等诸多问题进行治疗，哪怕只是几次治疗。治疗的目的是确保自己已经理解过去，确定未来可能会遇到的困难，确定好想传递给孩子的东西。

都怪她太放任孩子……

"克莱尔和我经常就育儿问题发生争吵，我觉得她太放任孩子了，她却说应该由我这个做父亲的来树立威信。只是她在家带着四个孩子，我很难做到一天干预十次，所以我会尽量在周末设定规则边界。但是他们已经养成了很多坏习惯，我觉得自己的时间都花在惩罚和发火上了。此外，克莱尔认为我太专制，不会灵活变通，同时又要求设定更多边界。总之，我们的日常生活鸡飞狗跳。"

路易（46 岁）

严格互补

　　相对专制的人可能拥有专制的父母，因此他会选择和自己个性相反、相对放任自如的人做配偶，反之亦然。在严格的规则边界中长大的人会去寻求灵活变通的人，而在没有任何规则约束的情况下长大的人会希望有人能为他做决定，引导他，以此来寻求安全感。这并不稀奇，人们将其称为"严格互补"行为。

　　然而当孩子出现后，这种角色分配就不再合适，因为它会造成极大的失衡。此时恰当的做法是在夫妻关系上下功夫，学会在相互尊重的基础上进行建设性对话，使夫妻双方愿意就对方的行为进行弥补。父亲专制，母亲就应相对宽松，反之亦然。

如何好好"吵架"？

1. 尽量不要积累不快，这样可以避免您情绪大爆发。

2. 如果有什么事情让您不高兴或伤害了您，立刻说出来。

3. 发表意见时最好用第一人称"我"而不是用指责的"你"。

4. 明确表达期望和需求。

5. 避免使用侮辱性和伤害性语言。

6. 真诚、平和、准确地说出您对事情的看法。

7. 真正倾听对方的心声，试图了解对方的感受。

8. 不要以为自己知道对方要说什么而去打断对方。

9. 请记住，赞美或正面评价之后再批评往往更让人受用。

10. 不要害怕道歉和承认错误。

不同意见需避免

如果给孩子两个互相矛盾的信息，孩子会感到迷茫，但孩子能很快明白从父母中的一方他能得到什么，从另一方又能得到什么，同时还很清楚不同意见的根源在哪里。而他要做的就是为了得到自己想要的东西，利用父母的意见不一致见风使舵，把希望寄托在管控更松的那个人身上……他很聪明，即使父母反对，他也会采取行之有效的策略让他们产生意见分歧，从而获得自己想要的东西。有的孩子要比其他孩子更擅长利用这一点，究其原因，可能是因为与其他孩子相比，他需要更多关注。

寻求一致

理想情况下，父母应该努力在教育上达成一致，支持边界设定者的权威，宁可事后再讨论也不要当着孩子的面反驳。不要在孩子面前表示反对，这是对另一半的尊重，同时也彰显出夫妻双方在教育问题上达成了完全一致。分歧是公开冲突的代名词，但在现实生活中却无法避免，重要的是要始终坚持求同存异。这样一来，孩子就会学习区分父母双方的相同规则和可能不同的实施方式。当一方表示禁止时，另一方一定不要否认，不能削弱对方的权威。

如何提高沟通能力？

　　非暴力沟通是夫妻之间、亲子之间进行的有效沟通，是提高关系质量的一种极好的方式。它能将理解与尊重融到交流中，表达自己和他人的善意。

　　马歇尔·卢森堡[①]认为："暴力是需求得不到满足的悲惨表现，反映了一个人的无助或绝望，他认为别人不会倾听自己的心声，于是攻击他人，大喊大叫，歇斯底里……"他也可能会保持沉默，将攻击性隐藏起来。非暴力沟通的理论基础：善意和交流。

非暴力沟通的四个实用阶段

1. 观察

　　它包括观察而不评判，留意到所发生的事实但

————————

① 马歇尔·卢森堡（Marshall Rosenberg）：非暴力沟通的创始人。

不发表意见，重要的是不去评价，只陈述事实不妄加评论，不指责，在行为和语气上保持中立，只简单陈述事实。观察是解决冲突的一个关键点，通过观察可以区分事实和想法。而评判和由此产生的感受导致了诸多矛盾的产生，例如："你又迟到了"（评判）和"我们本来约在晚上 7 点，现在已经 7 点半了"（中性观察）。评判会传达想法和情绪，促使冲突发生。

2. 表达感受

　　"感受"一词包含了我们的所有感觉：身体的感觉、情绪和情感。它们是自我驱动的重要指标，但经常被认为阻碍了正常机能的发挥。表达感受必须通过中立的语言而不是指责的语言，例如："我厌倦了你的滔滔不绝"（指责）和"我感到悲伤、沮丧"（中立）。不使用带有指责性质的"你"来开启对话，让表达需求的话语多些善意，少些攻击。

3. 表达需求

感受来自需求的不满足，重要的是要区分基本需求和欲望。感受背后的需求到底是什么，往往并不容易识别，例如："你总是迟到"（未识别需求），"等人时我感觉自己不受尊重，在我需要你的时候你却不在我身边，我感觉你不重视我"（已识别需求）。明确表达需求有助于将沟通定位在事实上并减少不满和攻击性。

4. 提出请求

提出请求，就是指要行动起来，倾听自己的需求，把生活掌握在自己手里，仅仅是表达需求并不能让对方知晓如何去满足需求。要提出好的请求必须遵循六个标准，它们是：1.（对某人讲话时）表达准确；2.立足当下；3.描述具体；4.要求可实现；5.态度积极（无否定词）；6.措辞开放（留有选择余地）。例如："你是否愿意花点时间和我一起来讨论我的职场问题？"

非暴力沟通实施起来往往并不容易，它需要正视那些习以为常的表达机制，感受潜藏的偏见，识别基本需求，最后提出明确的要求。但是，只要多加练习并持之以恒，就能使人际关系发生深刻的、质的变化。

我们的意见不一致

"我们已经无法沟通，所有时间都用在了争吵上，互相大吼大叫，家里感觉就是一团乱麻。孩子们的问题很棘手，我们总抱怨是对方造成了当前的局面。我们把最任性的儿子送去看心理医生，以为这样就能解决我们照顾他时遇到的困难，然而一点作用都没有，我们不知道该如何协商一致。"

洛朗斯（41 岁）

何时咨询他人？

当局势升级，不断的指责开始取代请求，对话已无可能，双方都很痛苦时就必须咨询他人。这既适用于婚姻中的冲突，也适用于家庭矛盾。内心的紧张、无声的伤痛、贬低的话语会让个人和家庭失衡。要重建最珍贵的关系，有时就需要勇敢跨出沟通的步伐。然而我们能咨询什么呢？要想明白这一点，每个人都要先倾听自己的需求。短程治疗、行为治疗、代际家庭治疗……您可与心理治疗师商量，自行选择最合适的治疗方法。

如何才能更好地沟通？

夫妻一起治疗可能是一种很好的方式。从夫妻双方相互质疑对方开始，夫妻关系就常常会出现争吵。只有做到不把请求和指责混为一谈，争吵才会带来益处。提倡夫妻一起治疗的目的：恢复缺失的平衡，重建沟通模式，让每一个人都能被倾听，表达自己的感受和需求。人人都要学会说出自己能接受的夫妻相处方式和家庭生活方式，以及自己绝对不能接受的事情。夫妻关系治疗师或婚姻咨询师提供的培训更多的是帮助夫妻有效互动和协调夫妻双方的对立关系。

选择哪种治疗方法？

如果夫妻中的一方认为有必要，可以进行个别治疗，但无论是个别治疗还是联合治疗，最好是夫妻双方都能参与。夫妻双方的相互质疑很重要，因为它可让双方重新建立对话，识别每个人的需求和弱点。个人的改变必然会对家庭关系产生影响。下面是系统式家庭治疗的创始人维吉尼亚·萨提亚的假设，她认为家庭是一个关系体系，关系体系的变化会影响到家庭的所有成员。此外，她还认为夫妻关系是导致亲子关系问题的核心，夫妻关系好，家庭关系就好。当父母能够相互关爱、协同一致，家庭的重心回归到亲情和关注上，那么树立威信就不再是问题。

何时选择家庭治疗？

当孩子已经长大，家庭治疗就显得尤为重要，它能让家庭内部重新开始对话交流，让家庭成员之间紧密相连。家庭治疗的目的是帮助大家从"困扰"自己的情绪中解脱出来。因此，当出现问题并影响到整个家庭时，最好是去咨询他人。此外，这些家庭治疗方法对解决儿童青春期叛逆问题特别合适，也特别有效。

夫妻分离该怎么办？

如果夫妻分离，一定要告诉孩子，父母永远是孩子的父母，尽管父母因为种种原因不能在一起生活，他们仍会以同样的方式继续爱着孩子，陪伴着孩子。如果孩子难以接受分离，父母可以一同向家庭调解员寻求帮助。即使夫妻分离，两人在基本面上仍应保持教育上的一致性，不能破坏对方的权威，应继续支持对方。即使夫妻分居两地，这种父母之间的团结也会让孩子放心，让他切实体会到父母关系依旧良好。如果父母在教育问题上互相拆台或指责，孩子只会因此吃亏，不会得到任何好处。

要注意因夫妻分离而产生的愧疚感，它会让家长通过频繁送礼物和给孩子过度的自由来进行补偿，而一旦孩子做得过分，家长又突然对他严厉。然而孩子做得过分其实是因为之前得到了家长的默许，家长因心存愧疚放松了对孩子的管教。分离期间向家庭调解员寻求帮助是顺利度过分离期、维持孩子身心健康的好办法。

孩子为劝和父母所做的努力

　　一些缺乏父母关注的孩子会在父母产生分歧时强迫他们照顾自己，当然，也是为了让一家人团聚。担心父母分开的孩子会趁机做些傻事，以便看到父母相互交谈、商讨，并重归于好，其实这都很正常。父母往往会因为孩子的问题而不得不求助于专业人士，并且最后他们会意识到自己可能也需要审视过去，对自己的人生进行一次梳理，希望这只是他们人生中的一段小插曲。

第五章

树立正确权威的关键

▼▼▼▼▼▼▼

教育方式是所受教育、过往经历、环境和质疑共同作用的结果。有人赞成对话，有人反对发火，有人下手重，有人嗓门大，有人反对任何形式的惩罚或奖励……如何兼顾从原生家庭继承的综合倾向以及孩子们的期望？如何避免重蹈覆辙，摒弃以往的教育陷阱，树立正确的权威？

禁止打孩子屁股

"最开始我认为轻轻打孩子屁股是种简单有效的方法，可以迅速让孩子如您所望，无需花数小时来教育他。然而随着时间的推移，我发现打屁股的效果越来越差，儿子马蒂亚斯不再害怕，除非真的把他打疼了。并且我注意到，这引发了他的攻击性，这让我很焦虑和愧疚。所以我觉得出台法律来禁止打屁股是件好事，可以增加人们对这种行为的认识。"

达米安（36 岁）

一项法律禁令

2018 年，法国国民议会通过了一项禁止肢体暴力和语言暴力的法律，规定"儿童有权接受没有暴力的教育。拥有亲权者不得使用肢体暴力和语言暴力、惩罚、精神折磨等羞辱手段"。这段法律条文有双重作用，一方面禁止各种惩罚行为，另一方面禁止人们使用会对孩子造成心理痛苦的羞辱性或伤害性话语。虽然第二点很少被人提及，但它仍然值得关注。

它让人屈服于暴力而非法律

打孩子的时候，人们首先教给他的是打。他被教导：想要从别人那里得到某种东西，暴力是一种有效的方式。

那么他就会屈从暴力而非法律，他不会去尊重规则，反而倾向于用武力解决问题。因为身边的人们向他展示的是强者可以对弱者施暴，而孩子生来就善于模仿，在父母的启发下他学得更快。

最后，人们教给他的原则完全违背了最基本的道德准则——"己所不欲，勿施于人"。在意识形态上，孩子被灌输"暴力是件好事"，因为父母打孩子的屁股是为了他好。有些人认为扇耳光和打屁股不是一码事，而实际上其原理是一样的，都是通过肢体暴力让孩子屈服。

肢体暴力对儿童心理的伤害

如果童年时期经常被打，儿童可能会变成以下三类人：从不质疑任何事情并畏惧任何权威的恐惧型顺从者；无法接受规则的叛逆者；害怕被他人评价者。我们通常能在有这三种情况的儿童身上，找到其幼时曾遭遇暴力对待的痕迹。

暴力育儿会适得其反

父母倾向于通过暴力来教育孩子，这通常源于对自己父母的模仿。虽然有时几乎是无意识的反应，但还是要找出这些暴力行为，并了解为什么会出现适得其反的效果。扇耳光、打屁股并没有教人规则边界在哪儿。惩罚时，不开口对孩子进行教育，会造成孩子的规则边界不清晰、不准确，使得惩罚没什么效果。家长应该倾听孩子的心声，并和孩子进行清晰明了的沟通，设定规则边界。体罚是行不通的，特别是当体罚是唯一的镇压手段时，只会激起孩子的逆反心理和行为，这势必会使家庭关系恶化。任何一种肢体暴力都不是恰当的行为，它不仅仅反教育，经常性的殴打孩子还构成了虐待。

多尔多的理论过时了吗？

弗朗索瓦兹·多尔多说过，您可以"对干傻事的孩子打手心"，她还表示权威是父亲的特权。这两种观点在她那个年代盛行，但现在已基本过时了。不过这位早期的沟通坚定捍卫者还表示："如有必要，您也可以通过解释或提高音量来设立规则，这样即使是最小的孩子也能理解禁令的含义。"

棍棒教育是承认失败吗？

父母打孩子是因为未能制订更有效、更合适的策略，未能控制自己的冲动。肢体暴力往往是情绪爆发、愤怒失控的表现。"我说的话孩子听不进去，提高音量也没有效果，所以我用武力让孩子无力反抗!"除了教育上的失败,对于体罚,您永远不知道自己会做到什么程度,有时候可能会下手过重。

当您感到愤怒来袭时,可以换个房间或让夫妻中的另一方教育孩子,以此来转移愤怒情绪。面对特殊情况时,我们有时会感到不知所措、无所适从或无能为力,这时,在做出不恰当的反应之前,要学会如何表达。如果我们不能用言语说服孩子,那么也永远不可能用暴力来说服他们,设立边界就是要在正确的时间用正确的方式说不。

语言暴力的危害

"我的母亲至今还不断地跟我说:'女儿,你永远都不会成功。''怎么这么笨呢?'……一次次的否定给我的内心留下了永久的伤痛,让我坚定地认为自己一无是处。我对生活和工作都没有太大的追求,总是因为害怕失败而没有刻苦努力学习。我一直沉浸在能力不足、认为自己没用的痛苦中。生活于我而言就是种煎熬。"

克莱尔(33岁)

禁止语言暴力

2018 年，法国通过的一项新的禁令，即禁止语言暴力，承认了语言暴力对儿童心理和自我构建的危害性。禁令指出，持续的语言暴力往往会造成无法弥补的伤害。孩子在成长中要听父母的话，父母教会他走路、吃饭，教他为人处世……他不会怀疑父母，父母的话成为他内心构建的组成部分。孩子不会去分辨哪些话是父母的真实想法，哪些话是因为父母疲惫或愤怒而产生的。如果反复对孩子讲"懒猪""笨蛋""一无是处"，就会让孩子陷入这种身份认同。孩子会认为，无论他成就如何，他都是父母所定义的那种做得不够好的人。

谨防情感勒索

有的家长既不愿惩罚孩子，又希望孩子能听话，就会采用一种危险的方式来促进孩子心理发展，那便是情感勒索。"你去做了妈妈就会开心。""妈妈更喜欢你干净的模样。""我喜欢听话的孩子。""你要是这样我就不爱你了。"……总之，孩子会感受到爱是有条件的，而不是确保未来健康成长所必需的无条件的爱。因此，他会为了得到爱去行动，为了被欣赏去迎合他人，从不考虑自己的意愿。父母会在当下得到满足，但从长远来看，他们会事与愿违，得不到想要的结果。

伤人之言，甚于矛戟

原生家庭的影响、为人父母的严格要求、为了让孩子走正道、自我感觉做得不够或做得不对而给自己施加的压力……以上种种可能会导致家长说出的话字字诛心，目的是使孩子产生触动，让他醒悟，做出适当的反应。但实际上孩子的反应会有局限性，恐惧会让孩子慌忙做出反应，可能使他留下被人指责能力不足、平庸、愚蠢的经历。因此，要注意直接的语言暴力会对孩子心理造成长期不利的影响，并要从整体上注意那些既能毁掉一个人又能成就一个人的话。

与人善言，暖于布帛

与孩子对话时要像要求他尊重大人那样来尊重他。向他表明父母对他的信任，他有权犯错，如果需要帮助，父母会在他身边，帮助他建立良好的自我，促进他健康成长、鼓励他追求成功。这就和学骑自行车的道理是一样的：在父母的注视和善意的话语下，孩子知道他可能会摔倒，但最终他会学会。要用言语来帮助他，最好是重视努力的过程而不是结果，要求他做到最好，而不是要求他成为第一。如此，父母让他品味到坚持不懈的甜头，让他能够自主努力，切身感受自己的能力。

谨防在孩子之间进行相互比较

家长有时会为了得到自己想要的结果而对孩子进行相互比较。这种做法会让两个孩子形成对自己的固有看法，一人高高在上，另一人则低人一等。父母通过比较来贬低孩子其实对孩子是一种羞辱，好点的情况是孩子会被锁定在附庸的位置，而不好的情况就是孩子会认为自己很无能。

"解释太多" 带来的偏差

"我大部分时间都是和儿子西奥待在一起，他马上就6岁了。我崇尚爱和交流，在我看来，当孩子拥有这两样时，一切都会很顺利。至于惩罚，这有点复杂，我个人是反对惩罚的。我总是尝试做正确的事情。当西奥犯些小错，在没有产生什么后果时，我不会去责备他。但是，当他的愚蠢行为让自己陷入危险境地时，比如，接触危险品或玩弄餐具，我就会大声喝止，但我从来不会采用镇压的方式。"

德尔菲娜（30岁）

溺爱的风险

当父母尊崇"没有惩罚的爱和交流"的理念时，孩子很有可能会据此为所欲为。这可能导致一些父母疲于应付，直接冲孩子发火或打孩子。大吼大叫时常来得毫无规律，不仅掩盖了问题，还延误了问题解决的最佳时机。孩子不理解为何父母会对他大发雷霆，尤其对父母的频繁发火不明所以。除了发火，有些家长在精疲力尽和愤怒的最后甚至会打孩子。这是父母付出太多，结果却伤害了自己和孩子的典型表现。父母没有时间关注自己，一切都围着孩子转，过度关注孩子眼前的幸福，却不利于孩子的长远发展。

孩子知道没有惩罚边界，为了从父母那里得到自己想要的东西，于是他会尝试博取父母同情，挑衅父母，什么都和父母争辩，反复试探……因为他需要通过别人的拒绝来让自己清楚感受边界的位置，让自己安心。他不知道什么是对自己好的，何为均衡饮食，小孩需要几个小时的睡眠时间，如何做作业，何为尊重他人……他在父母的爱和交流中学习，同时也通过边界来学习，而边界的设定仅有言语是不够的。

"儿童想吃的时候就会吃"

弗朗索瓦兹·多尔多："儿童要到 7 岁左右才会自己解决吃饭问题和其他的需求。在此之前，想让他们定时吃饭根本就是徒劳。"（《青春期文学》（Lettres de jeunesse），伽利玛出版社）

迪迪埃·普勒："大人要收敛自己的贪欲已经很难了，想要孩子自己收敛，怎么可能？父母一定要帮助孩子，教会他控制食欲。在美国，人们会看到实现

'冰箱自由'的一代人身体超重带来的害处。"（《多尔多那代人》（Génération Dolto），奥迪尔·雅克布出版社）。

拒绝惩罚

对于惩罚孩子，有人赞同也有人反对。和许多教育问题一样，近年来惩罚也面临着真正的根本性挑战。惩罚是否有效，会不会影响孩子的成长？

有的家长认为惩罚具有自发性和简单性的优点。它可以让孩子明白，我们每个人生来就要遵守规则，否则就会受到惩罚。从这个意义上说，它们是有效的。然而，惩罚其实与独立自主的教育无关，它的目的是遏制一种不可取的行为，但并不能教会人们何为可取的行为。

对于家长来说，最理想的是实现自律，让孩子能够如家长所愿行事。为此就需要及早制订规则，使之慢慢变成生活习惯。它们应该是些简单的规则

（比如晚上 8 点半熄灯）、具有一致性（这天有效
的规则换一天依然有效）。规则一旦建立，就会慢
慢融入孩子的生活，构成他的生活日常。

"孩子自己决定何时上床睡觉"

弗朗索瓦兹·多尔多："干脆让他一
个人待着，上完厕所穿上睡衣准备睡觉，
让他从父母决定的某个时间起离开父母，
在自己的房间里玩耍或按自己的意愿上床
睡觉。"（《青春期文学》）

迪迪埃·普勒："我在这里找到了多
尔多的理想主义——如果让孩子单独一
人，他会自主遵守生存法则，无需他人强
迫。然而我很少见到有孩子是自己决定
早睡的，他更想晚点上床睡觉。"（《多
尔多那代人》）

自律神话

孩子总有一天会违反规则，只因为这是身份认同的一个自然发展阶段。家长要懂得必要时给孩子重新设定规则边界，并随着孩子年龄的增长适时调整。

如今，我们看到了一种新偏差，那就是"解释太多"。面对孩子的越轨行为，有些家长会试图要求孩子理性、自律，认为孩子会通情达理，这有时是痴心妄想。首先孩子很聪明，他会实施适合自己的策略，如果他明白和母亲商量后就可以做想做的事，他就会静候时机，毫不犹豫地重新开始做想做的事。

孩子若真将父母的拒绝置若罔闻，那就是因为父母并没有将"不"的边界设定好，以至于孩子认为无需顾忌。父母说"不"时要坚定，不要说"好的，但是"，一定要坚定地设定一个边界。这个简短的"不"还有着一层意义，即没有灵活性、无法逃避。

惩罚的陷阱

"我把生活的大部分时间都用在8岁的女儿纳黛热身上。我很少惩罚她，出现问题时我会试着和她对话，让她反省自己做的傻事和犯的错误。总的来说，还是很有效果的。不过，有的时候我的耐心会差一些。就拿看电视来说吧，如果电视播放时间过长我就会把它关掉。我认为，有时候我们对待孩子要坚定，也就是说：设定明确的界限，不轻易妥协。对我来说，要用爱来设定规则边界，但不能削弱边界的限制。说'是'和'不'时要做到一样的坚定。"

法比耶纳（32岁）

寻求恰当的替代方式

和缺乏惩罚相比，禁令的缺失更可能导致孩子情感和行为的失衡。惩罚能让孩子明白要遵守规则，从这个意义上说，惩罚有助于启迪他们了解自己的权利、义务和不可逾越的边界。但惩罚不应成为教育的主要推动力，每个家庭还必须要有一个签订契约、谈判或修复关系的空间。

边界的回归

2006 年，法国 40% 的家长难以坚决制止孩子（来源：市场调研机构益普索，以下简称"益普索"）。如今，52% 的法国家长认为，要当好家长，首先要知道如何施加规则边界、限制和如何树立权威（益普索，2018 年 12 月）。

然而，在围绕权威而不惩罚的论证背后始终存在着一个现实：人们提出令人不快的措施，这些措施是用来教育孩子的，但这些措施却不叫"惩罚"。它仍然是一种选择，但不应该是唯一的选择。只要孩子到了懂事的年龄，就可以和孩子进行协商，订下契约。

多尔多对难以设定禁令的看法

"只要孩子抗议，很多家长就无所适从。但是，孩子都需要大人拒绝他后才能学会怎么做，这是教育的一部分。要想做到行之有效，不能只是高喊我不想，毕竟这只能表明一种强制立场，我们应该明确地提出、说出并重申禁令，坚决表示'不应该……'并解释原因。倘若涉及社会禁令（如禁止伤害他人），孩子会通过父母的示范了解禁令范围。没有必要对孩子大吼大叫，打他屁股。"

选择性尝试

明确拒绝，不一定非要将"不"字说出来，孩子才能有效倾听并理解。比如，让他继续自己的错误行为。通过这样的方式让他明白，凡事皆有因果——"你宁可睡走廊也不要睡房间里？很好，我没意见。"然而，我们不一定每次都能采取这种姿态或者保持无动于衷。下雪天衣着单薄的孩子想出门该怎么办，如何面对一个天天要晚睡的孩子？这种放任孩子的尝试行为是需要精心选择的，只有当试验的后果可预测并且为良性时才有可能达到你想要的教育效果。因为如果父母让孩子自己决定他的睡觉时间，很可能孩子白天会疲惫不堪，上课注意力不集中，晚上却精神亢奋。这就跟其他事情一样，选择性尝试必须继续遵循节制和理智的规则。

纠正机制

有的人喜欢用"纠正"一词而不是"惩罚"，表明孩子对自己的行为已经有了一定认识。纠正孩子的错误行为也是一种惩罚方式，把自己弄脏的桌子擦干净，打碎东西要赔偿，或者收拾被自己弄得乱七八糟的哥哥的房间，这对孩子来说都是不愉快的。当然这也是一种教育，能让孩子知道：我纠正了自己的错误，我的错误行为会给我带来不愉快的后果。纠正是种明智、公平的惩罚，然而它仍是一种惩罚。纠正需与孩子的年龄和能力相匹配：

让 3 岁的孩子收拾房间，让 5 岁的孩子把卷成一团的干净衣服熨烫好是很难的。希望父母能够及时纠正孩子的错误行为，即使是让孩子道一个歉。

大脑运行机制

近期的神经科学研究发现，适当进行惩罚会积极塑造孩子的大脑"边缘"系统，这个长期记忆中心会促使幼儿重复愉快的经历，避免重温不愉快的经历。"必须明白每段经历都被储存在两个不同的系统中：奖励和强化回路，以及惩罚和削弱回路。脑室周围系统促使孩子采取避免痛苦或不愉快经历的方式行事。"

聪明的惩罚

不管是说"纠正"还是"惩罚"，大多数家长和早教专家都认为，越过禁令的孩子必须对自己的行为负责。然而，无论从哪个方面，惩罚都要明智地进行。惩罚要有效，就必须简单，与孩子的年龄相称，不与孩子的基本快乐相关联（不要剥夺孩子的假期或生日礼物等），不可怕（别把孩子关小黑屋），有解释（惩罚你是因为你做了这个或那个事情）。

所以，我们不要再把惩罚妖魔化了，它本身并不反教育。只有惩罚不当，以突兀的方式进行，与孩子年龄不符，没有解释，或与孩子能力无关时，它才反教育。

从这个意义上来说，对惩罚进行适当规定会成为对它的必要补充。惩罚能让父母的要求有可信度，让孩子有安全感，还能向他反复强调社会生存法则。

只有父母才有权惩罚孩子？

您会在周末把孩子委托给阿姨，在假期委托给爷爷奶奶照顾吗？您将家长的权力下放，必要时也要把惩罚的权力下放给照看孩子的人。比如您会说："在奶奶那里要乖乖的。"但有些孩子需要您把事情交代得更加清晰明了，授权他人看护孩子时必须将对孩子的要求用语言明确表达出来。"家里只有两个老大：爸爸和妈妈。但是你在他们（指照看孩子的人）家时，爸爸妈妈的权力就转移给了他们，回自己家之前你必须听他们的话。"这么说就对孩子说明了一些事，使一天的监护人权力暂时转移。您还需要与帮忙照看孩子的人商量采取何种惩罚措施，如果所施加的惩罚不合适，又或是您不同意他的惩罚原则，请您一定要进行干预，以恢复您的控制权。

择时反省

反省是最好的惩罚，心理医生经常推荐，人们也不会去批评这种惩罚方式，因为它是教育的典范。被要求反省的孩子会暂时消停下来，有时间反思自己刚才的所作所为，想明白是自己的态度或行为导致他此刻不能继续玩乐。但要注意，让孩子反省时，不要把孩子一个人锁在房内，也不要将孩子单独留在危险的地方。如果孩子还很小，可以让他在距离家长不远的儿童安全座椅上或婴儿床里一个人待着。一般建议每长大一岁反省时间加一分钟，如果孩子违反反省禁令，还可以延长反省时间。

在孩子还小的时候就引入这种方式（指反省），随后进行充满爱意的和平对话，孩子就能理解并且不会反对这种惩罚方式。拒绝反省的孩子，要么是对恐惧记忆犹新，要么是情感上没有"安全感"，需要更多的关注，还可能是知道大人当初让自己反省只不过是一句空话而已。

缺乏规则边界的风险

1999 年，华盛顿大学对 1900 多名儿童进行了一项心理学研究，研究结果显示：接受过无惩罚教育的幼儿，情感依恋的稳定性普遍较差，他们对父母或监护人的态度有时会不一致而且情绪波动大，缺乏抗挫折力。

奖励的功效

"我很少实行禁令，更喜欢用奖励、奖赏。我有个朋友完全反对奖励，她把所有的时间都花在了大吼大叫和惩罚上，而我更愿意让孩子知道，有些行为会比其他行为获得更多好处。我希望马蒂尔德（14 岁）、路易（11 岁）和贝蒂耶（8 岁）能有一个温和而富有建设性的成长环境。他们做错事了，我倾向于帮助他们改正过来。记得有一次马蒂尔德拒绝锁好自行车，结果当天晚上自行车就被偷了。于是，我与女儿四目相对，告诉她，她的零花钱将会用来还'债'。我认为必须教会他们，要想弥补错误，有时就必须付出零花钱或其他的努力。"

克莱尔（46岁）

价值化：肯定孩子的进步

有的家长认为，正常行为不应得到重视、褒奖或奖励，但正常的标准因人而异。有的家长对孩子的期望过高，总是对孩子提出更高的要求，使孩子的自信心受到影响。也有人认为，孩子本该听话，不需要因此去鼓励和重视他。有的人认为自己的主要作用就是通过批评孩子来帮助孩子提高，还有的家长从来没有被重视过，所以也没有想过要重视孩子。当然，也有一些人对自己所受的教育持相反的看法，他们会花时间去关照、鼓励和奖励孩子。

重要的是，对孩子说的话要公正、真实。此外，要让孩子的努力、进步和成功价值化，让孩子愿意继续进步，而不是因为未做成某事就觉得自己很失败。奖励孩子不是毫无克制，而是在他每次取得进步时或表现出责任感时给予奖励。

这里说的奖励可以是象征性的，孩子做得好后受到表扬就会想再做。价值化的乐趣让人想再次被赞扬。还要指出的是，惩罚也可以是象征性的，对孩子来说，口头批评就已经是惩罚了，他们不想让父母不开心。

奖励对大脑的影响

雷·多兰①曾在 2001 年表示，当儿童的行为得到奖励时，该信息就会立即传输到他的大脑皮层。大脑皮层会处理信息，然后向携带内啡肽的神经递质——尤其是"快乐激素"——多巴胺和血清素发送信号。大脑中枢释放这些激素后会产生愉快的感觉，让孩子乐此不疲。孩子受到奖励时身体就会产生这些有益物质，从而在心理上体验到快乐。

---

① 雷·多兰（Ray Dolan）：伦敦大学的精神分析学家。

奖励： 一种有效刺激

奖励作为一种刺激，作用于孩子，会帮助孩子获得独立自主和接受规则的能力。它之所以能起到激励作用，是因为它证明了父母认可孩子的良好表现，激发了孩子内心对好好做事的自豪感。事实上，当孩子在自己的行为中体会到价值，开始产生自尊心时，就会主动去学习规则和边界。由此可见，实施奖励制度会促使孩子做出有利于自己的行为。

一项心理学研究表明，奖励对一般行为有积极作用。得到奖励的孩子往往情绪积极，做事没有顾虑，具有探索性、创造性，总体上更乐于学习。但需要注意的是不要过度奖励，经常受到奖励的孩子会失去探索能力，只关注眼前利益。

许多研究表明，因画画而获得奖励的孩子要比只因好玩而画画的孩子更难主动画画。未来他们很可能会成为"极容易满足"的人！最后，要警惕孩子对你提出的奖励讨价还价，当奖励成为讨价还价的对象时，就会失去它对孩子往全能方向发展的推动作用，与权威教育背道而驰。

如果孩子有问题行为，如打人或经常对着干，家长应该及时惩罚。惩罚不及时就达不到惩罚的效果。

心理调节作用

人类行为受到环境中积极态度和消极态度的制约。态度分为四种：

·**正强化**：行为的频率随着积极刺激增加而增加——增加奖励、肯定、表扬……

·**负强化**：行为的频率随着消极刺激的减少而增加——减少命令、愤怒……

·**积极惩罚**：行为的频率随着消极刺激的增加而减少——加重惩罚、任务……

·**消极惩罚**：行为的频率随着积极刺激的减少而减少——取消奖励、机会……

选择糖果还是棍棒

　　"我感觉自己面对的是相互矛盾的命令，我知道要设定规则边界，坚决说不，但我做不到。我不喜欢惩罚也不喜欢奖励，因此我感到很无助，觉得自己是个坏妈妈。我觉得自己深陷于'本应该做的'和'实际做到的'之间的差距中，因为在我的内心深处总是有两个对立的声音！"

夏洛特（42岁）

识别相互对立的双重指令

　　有时我们内心很矛盾，因为服从一个指令就意味着违背另一个指令，我们将这种情况称为"双重矛盾信息"。个人要遵守相互对立的两项指令，这会使他陷入一种矛盾心理。他感到很无助，不知道如何行动。这种双重指令会让人出现心理障碍，并铭刻在大脑中。要想摆脱双重指令的陷阱，首先要能够识别两项对立的指令。

理解双重指令

我们可以试着去理解父母言行中传达出的内涵。"我的父母教给我的东西相互矛盾,一方(母亲)认为要维持家的运转就需要设定规则边界,另一方(父亲)则认为好母亲拥有天然的权威,她无需用糖果加棍棒的政策来教育孩子。"如果夏洛特采取惩罚政策,她会觉得自己是个"坏"妈妈,但如果什么都不做,她还是会感觉自己是个"坏"妈妈,所以她很迷茫。母亲曾告诉她,整洁的房子、生机勃勃的家和一位懂得如何管理家人的母亲有助于设定规则边界。父亲却告诉她,权威是上天赋予的,糖果加棍棒的教育方式没用,所以夏洛特很无助。她的父母都告诉她需要设定稳定的规则边界、坚持原则,却并未明确告知她实施方式。

摆脱双重指令的陷阱

要想摆脱双重指令造成的为难处境,就需要努力摆脱原生家庭的影响,重新关注自我,思考我们的价值观、需求、感受,还要走出二元思维,摒弃非黑即白的思想——设定或不设定边界。

通常还有一种更个人的方式，这涉及质疑自身需求，并按照非暴力沟通的方式来表达需求。

人际关系

儿童未满 6 岁时一般都以自我为中心。幼儿有着必须满足原始本能的需求。他逐渐学习从眼前的快乐原则过渡到现实的原则。通过社会经历和在社会上习得的经验，他会注意到他人，从"孤独的人"变成"社会性动物"。生物学似乎正朝着后者发展：人类大脑中管理人际关系的部分要比动物发达得多。

早期的人际关系会逐渐奠定我们与他人的关系和人际交往能力，通过尊重自己与对方来实现自我价值和满足自己的需求。

重新学会拒绝

不，不，不行！我们的孩子会不容分说地拒绝，而我们自己为什么会觉得拒绝是件很困难的事呢？孩子说"不"就像说话和走路那样自然常见，而成人说"不"却像需要获得他人认可一样复杂。

人际关系存在两种趋势。随着时间的推移，它们可能会交替出现，这要取决于环境和个人。有人个性主动，有人则比较被动。被动者的行为取决于其所处的社会环境或社会风气，主动者的行为则由其内部价值观驱动。被动的人容易受他人和环境的影响。主动的人则会自己深思熟虑再做决定。

我们担心坚持自我、设定边界会影响人际关系，然而正是这种坚持自我的能力确保我们与选择交往的人之间建立起真正自由的人际关系！

以非暴力沟通方式说"不"

说"不"从来不会让人感到舒服。根据非暴力沟通方式的观点，想要拒绝他人就必须：

1.聆听对方的需求，但不一定要满足对方需求（观察）；

2.关注个人的感受、情绪、情感；

3.不一定要拒绝，而是要面对对方，不要逃避对方，不要让自己被外部习气带偏，认清自身需求，尤其是重要需求，然后再做出决定；

4.通过重新关注自身需求，学会做出真正的选择，实现真正的自由。

照顾到自身需求会促进自我关怀，而否认自身需求则会造成自我否定。家长如是，孩子亦如是。您真的很想陪孩子们看场电影，而如果您很累了还得陪孩子们玩耍，您就会生气发火，感觉很沮丧，可能还会表现出攻击性。如果孩子有攻击性时，您首先应该要求他表达出自己的感受和需求，之后您就会理解此刻孩子需要的是关注和爱，当孩子在学校遇到困难时尤其如此。如果孩子之间吵架，您用同样的方式来应对，您会让每个孩子学会如何表达自己的感受和需求并要求他们倾听其他人的心声。

"你让我很生气，因为你从不愿把玩具借给我玩，我很难过，觉得我对你来说并不重要，但我需要感

觉到自己很重要。"这种说出个人心声的方式会打
开许多心门，解决不少沟通障碍，处理诸多冲突。

　　当然，这种沟通方式对幼儿不一定可行，对他
们来说，安全规则是重中之重，等幼儿会说话了才
可以用这种方式进行沟通，这是边界设定的一种
补充方式。

　　不管是惩罚还是奖励，或者是对话，没有哪一
种是最好的教育方式，重要的是要学会变通，用最
符合儿童处境和个性的方式，设定有针对性的规则
边界，同时永远不要忘记，首先要让孩子沐浴在爱
和关注之中。

第六章

实用工具

如何正确设定边界?

如何采用正确的态度应对孩子的愤怒?

如何坚定冷静地纠正孩子最常见的行为问题?

教育需要对各方面问题进行综合考量,爱、倾听、惩罚、奖励、解释、行动……这远远超出了权威的概念。在育儿方面,没有什么是理所当然的,重复成了育儿日常的一部分。

调整语气

"我给孩子下达指令，可他不听，我必须一遍遍重复，直到大声喊叫。我理解不了我的朋友露易丝，她只说一句话，孩子就会按照她的要求去做，他们并不是怕她，只是觉得这样做是应该的。我真的不明白自己该怎么改变。"

玛蒂尔达（39岁）

语气坚定

对孩子说话的语气很重要。"穿上你的鞋"和"亲爱的，请你穿上你的鞋好吗？"区别很大，"穿上你的鞋"是一条命令，没有给孩子留任何选择，而"亲爱的，请你穿上你的鞋好吗？"会让孩子觉得有选择，而且当他做出肯定回答后，母亲会更感激他。除了句型不同外，同样一句话，不紧不慢地说不会有什么说服力，而用坚定甚至是带着不容置疑的语气说出来效果就大不一样。因此，家长下达指令时的表达方式对于孩子是否遵守规则至关重要。

解释有时无用

　　前几次解释规则很重要，但过了一段时间人们就会习以为常。仅仅解释规则是不够的，还必须坚定执行规则。家长要坚定地说出指令，如果一个指令要重复好几次，可以提高嗓门让孩子懂得他已越过边界。沉浸在游戏中的孩子需要一点反应时间，这很正常，但既然已经设定了规则，就必须遵守。

大脑运行机制

　　4 岁左右的孩子会开始有自己的想法并在意他人的看法。在这个年龄段，孩子的同理心和感知对方的能力，会开始萌生并变得日渐强大。这个阶段的孩子可能会开始讲道理，重视父母说出的理由。

避免孩子讨价还价

　　重要的是对设定禁令或边界的原因做出简单

解释，并表明这些是不容商量的一般性规则。例如：吃东西是因为身体需要能量来运转，不能吃糖是因为糖会损害牙齿……解释完规则后孩子仍不遵守时，您一句"就是这样，没别的"就足以让规则边界重新站稳脚跟，不至于每次都要费力解释。

孩子如果进入讨价还价的过程，不愿意穿衣服或者要求多给一根棒棒糖，您应立即制止。孩子这是在试探边界，因此和顺从孩子比起来，不做解释、坚定执行规则更能让他安分。

注意不要把交流对话变成你输我赢的争斗游戏，那样就失去了教育的意义。父母应该有大人的样子，做出决断，以身作则。父母应该尊重和教育孩子，解释和说理的目的只有一个：帮助孩子成长。

屡试不爽的小妙招

我指挥，你决定

家长指挥孩子在上学前自己穿衣，自己去洗澡或离开浴缸；孩子自己决定穿什么颜色的衣服，洗澡时浴缸里放什么玩具，或擦干身体后玩什么游戏。

这一招既能让孩子看到自己的意见被尊重，又能将家长定位为规则的掌握者。

记录本

这种方法可以随着孩子的学习而发展完善，你需要准备一个本子，在上面记录下孩子学习的规律，并配上插图和漂亮的文字，让他在一年级就能解读。例如，第1页：早上，自己穿衣服，贴上一张图片并用小号字体写下穿衣服的理由。第2页：把玩具收拾到篮子里。第3页：打招呼……定期查阅这个记录本，特别是当我们忘记了规则的时候。记录本要不断更新，及时增加规则或删除已经过时的规则，只要孩子愿意或者家长需要，可以经常查阅。

我是你的镜子

父亲或母亲可以在孩子完全不懂事的时候，定期向他讲述自己遵守规则的情况。例如：我不能把车停在门前，因为这会造成不便；我本想再吃一个蛋糕，但这对牙齿不好，等等。这样，孩子就会对人人都必须遵守的规则边界感到熟悉。

端正姿态

"我工作很忙，回到家又要忙活家务和孩子，我有两个女儿，要兼顾辅导孩子做作业、做饭、做家务……晚上经常乱糟糟的，女儿们老吵架，我对回家心有余悸。不明白为什么女儿和老公在一起都比较安分，听话。"

吕西（29 岁）

协调一致

80% 以上的交流都是通过语言以外的方式进行的，孩子会从中直观地了解到父母的坚定程度。父母有时会抱怨自己的训诫或命令没有什么效果，"我叫他别闹了，可他就像聋了一样！"孩子并没有聋，但是直觉上他能捕捉到父母传达的信息并很快理解命令的实质。孩子不会相信下达命令时眼睛盯着别处的母亲，也不会相信耸肩驼背、用疲倦的声音喝止孩子的父亲，他们的话都不会起到什么作用……父母下达命令时，身体姿态、注意力都要真正到位。更重要的是，声音和手势要一致、连贯。

协调一致很重要

协调一致是指人们的亲身经历、感受和表达，在肢体和言语上所体现出的和谐与一致。

事实上，父母如果自信心很强，坚信规则有效，那么他们就会看到孩子遵守规则，他们的全身无不表现出要求孩子遵守规则。而对于那些认为规则不那么重要的父母来说，他们可能会心不在焉地传达指令。

大脑运行机制

阿尔伯特·梅赫拉比安①最近的研究表明，在讨论过程中，言语只占所传达信息的 7%，其余的信息则通过肢体语言和语气来传达。换句话说，重要的不是

---

① 阿尔伯特·梅赫拉比安（Albert Mehrabian）：美国心理学家。

> 说什么，而是怎么说。与此同时，安东尼奥·达马西奥[①]也证实了情绪对身体行为产生的影响。"情绪的对外转化体现在面部肌肉、身体姿态上，对内转化体现在激素变化、心脏或肺上。"所以，当父母在自己都没有真正相信的情况下就下达命令，命令的不可信度就会反映到肢体语言等非言语信息上来。

摆脱愧疚感

罗曼·雅克布森[②]指出，在进行口头表达前，信息会先经过思考、编码，并受精神或心理"声音"的干扰。因此，父母如果对自己的坚决感到愧疚，就会用不那么确定的口吻下达命令。害怕太多的禁令会失去孩子的爱的父母，身体会呈惧怕状态。怀疑自己教育孩子能力的父母语气会犹疑，举手投足

---

① 安东尼奥·达马西奥（Antonio Damasio）：美国南加州大学神经科学、心理学和哲学教授。
② 罗曼·雅克布森（Roman Jakobson）：俄国杰出的语言学家，诗学家，莫斯科语言小组的领秀。

较含蓄。当然，这些信号都是在无意识的情况下产生的，而它们却能被孩子精准地接收到。

有的家长担心破坏自己的形象，就会采用循循善诱的教育方式，出于这种心理，身体会表现得没那么坚定，做不到教育时的坚决。

屡试不爽的小妙招——停！

学会定格瞬间的手势：肩膀放平，竖起食指，皱着眉头，中气十足地说道"停！"毫无疑问，只要肢体动作完全连贯、语气坚定，孩子就会立即停下正在进行的活动，转而专心致志地听父母传递的信息。父母如果确信自己完全在理，传达的信号会更加有效。

看着我的眼睛！

定规矩或者下达命令时，眼睛要一眨不眨地盯着孩子。这样做有两个好处：一方面，大人持久地直视对方会增强自信；另一方面，孩子可以专心听讲，不受外界刺激的干扰。比如，让孩子刷牙，可他眼睛却一直盯着电视屏幕，此时他就不会好好听。

吸气，呼气！

呼吸会大大影响身体的姿态，做两三次深呼吸可起到挺直肩膀、加强语气的作用。控制好呼吸能帮助人们专注于要做的决定。在对孩子下达命令或制止孩子的行为之前，父母先花几秒钟时间好好呼吸，这样会增加个人的威严。

做值得信任的父母

"我注意到向孩子宣布惩罚会产生多种积极作用。孩子会知道我言出必行，对于惩罚是这样，对于承诺也一样。孩子会明白我不会说空话，会停止试探规则边界，此时提出的要求他会马上听进去。这样做的好处就是可以快速停止惩罚。"

贝勒尼基（33 岁）

教育的一致性

要理解父母的期望，孩子需要父母始终如一并确信父母对他的要求是正确的。关于这一点，所有的心理医生都一致认为：父母说要惩罚孩子就必须惩罚孩子，以保持父母说话的可信度。同样的道理，不要朝令夕改或在孩子面前说出质疑配偶的话。育儿时父母要保持一致，否则孩子会不停反抗来表达自己的焦虑。父母在任何问题上的不一致都将成为孩子不听话、反抗父母的理由。

大脑运行机制

孩子从小就把父母视为榜样并努力模仿，通过这种方式来巩固和加强位于颞叶的镜像神经元的储备。这些镜像神经元在我们的社交能力中发挥着重要作用，模仿时会被调用起来。孩子们进行观察并试图重现我们的态度、手势或行为时就会激活它们。因此，父母要为孩子树立好榜样！

令人放心的处罚

惩罚孩子是为了帮助他认识到自己行为的后

果，让他有责任感。惩罚必须能纠正不当行为，而不是羞辱孩子。

幼儿是没有是非观念的。孩子在两三岁的时候会受制于个人冲动，什么都想马上得到。然而，这种无所不能只是他的错觉，惩罚可以让他了解到自己的极限。弗洛伊德认为，惩罚还可以减轻孩子不听话或伤害父母时产生的愧疚感。

聪明的教育方式

· **惩罚要与孩子所处的状态匹配。**惩罚孩子必须与他的年龄、成熟度和行为性质相适应。同时不建议剥夺他的食物，因为他可能会将食物当成情感勒索的工具。与其禁止他进食，不如取消他看电视的机会。

· **惩罚要适度。**不要一味地追加惩罚，避免出现惩罚过度。

· **惩罚要及时。**惩罚，尤其是对小宝宝的惩罚，一定要在其犯错时及时介入，而不要在长时间后再介入。因为孩子会忘记您为什么要惩罚他，他理解不了，还会认为这不公平。孩子年龄越大就越能理解父母惩罚他的原因，尽管如此，孩子犯错及时惩罚依旧是可取的教育方式。

·**惩罚要重复**。要想让孩子养成良好习惯总是需要花时间的，至少刚开始时是这样。以在饭桌上不停尖叫的孩子为例，通过父母不断干预，孩子会停止这种行为。反之，如果父母只是偶尔禁止，那他很可能会继续如此。

·**惩罚要勇敢**。说"是"总是比说"不"要容易。无论多苦多累，压力多大，都要勇敢地明确自己对孩子的要求和期待，并日复一日地坚持下去。

·**要认可惩罚**。叛逆是不可避免的，我们的孩子需要通过冲突来完成人格构建，这是成长教育的一部分。回避冲突永远无法成事。

屡试不爽的小妙招

三原则

不妥协，坚决制订安全舒适的禁令：首先是为了孩子（如你不能把手指插入插座孔内），其次是针对您的物品（如不要在办公室里玩），最后是为了您自己（如我要求你安静时，你就别来打扰我）。

开始!

儿童通过模仿来学习成长，因为父母是他们最崇拜的人，他们想取悦父母并且他们的镜像神经元会鼓励他们重复他人的行为。

注意，您正在被孩子实时观察，您要以身作则。您对配偶或其他人撒谎，他都会看在眼里记在心上。您乐于助人，细心周到，他迟早也会模仿你。

"3、2、1"倒数[①]必不可少

"3、2、1"倒数游戏经久不衰，实施惩罚前父母态度坚定、前后一致且值得信赖，开展这个著名的游戏就会有效果。

暂停!

送孩子回房间并告诉他，在您叫他之前不要动。根据年龄让他单独待 2 到 5 分钟，每拒绝服从 1 分钟，单独反省的时间就再增加 1 分钟。在这期间，别看他，也别跟他说话。这种隔离能帮助他冷

---

① "3、2、1"倒数游戏：父母在进行幼儿教育时进行的约定，如果数到 1 还不停止，就要接受惩罚。

静下来，控制冲动并让他对其行为造成的后果进行反思。等他冷静下来后，父母再向他解释为什么会惩罚他，告知惩罚的原因能帮助他避免再犯错。

第二次机会

假如孩子弄坏了东西，您要帮他修理或者赔偿。这样做会让他有责任感，了解东西的价值。如果孩子未经允许拿了小伙伴的玩具，您要让他主动道歉并把自己的玩具借给对方玩。家长也可以和孩子一起思考解决办法，避免他因为同样的原因再受惩罚。例如，如果他用记号笔在挂毯上乱涂乱画，您可以和他约定下次使用涂鸦本。

树立权威从孩子幼时开始

"我很喜欢让孩子参与到日常的家庭任务中来，这是共同做事的一种有趣方式，他们会热情、快乐地参与进来，尽管表现笨拙，但是一旦完成任务就会感到无比的自豪。我让小家伙做些力所能及的小事情，大家都很开心！"

玛丽安娜（37岁）

帮忙从小事做起

安排幼儿做些小事：从 3 岁开始，孩子就可以帮忙摆桌子、收碗筷。他会感到自己能力在提升，不仅自己乐在其中，还会受到表扬。这些小事看起来好像很简单，实际上达到的效果却要复杂和丰富得多。愉快地做事会锻炼孩子的心智，日积月累，这种锻炼带来的影响可以让孩子变得非常强大。

大脑运行机制

日常生活中的小约束以及有时产生的挫败感会使得 3 至 8 岁儿童的大脑重组，该年龄段儿童的前额叶皮层（记忆所在）某些区域的连接，自然就发展和丰富起来。饭前洗手、参加家务劳动、不在饭桌上大喊大叫、睡前刷牙漱口等都会加强大脑发育，通过长期重复促使儿童接受约束。

日常行为的不断重复会逐渐影响儿童的心理，他会喜欢帮助别人，认为自己有责任、有能力，也因此获得自信。家长应该让孩子学会自己应对现

实，不能总是帮助他，要让他尝到努力的滋味，享
受到表现的乐趣。

延迟满足

挫折会让儿童学会延迟满足自己的欲望，控制
冲动，它是儿童与他人和谐相处的前提。日常的小
约束就是一种很好的做法，它们可以温和地让儿童
习惯延迟满足自己的欲望。

偶尔延迟满足可以帮助儿童锻炼心智。由于受
到挫折，孩子意识到自己的欲望和周围的世界之间
存在差距，从而会自我克制，并且学会依靠自己。
渐渐地，他设法在允许的快乐中找到与违抗命令带
来的一样大的满足感。最好是看着孩子的脸，用沉
着坚定的语气，向他解释简单明确的规则。他必须
理解规则的含义，这样他才会遵守。

积极期待

要用积极的方式明确表示自己的期待。例如，
与其说"不要把玩具随便乱放"，"把你的玩具收
进衣柜里"会更好。用第一人称"我"来表达感情

也很重要："电视声音这么大，我在电话里没法跟你讲"，而不是"你太吵了"。

在某些关键时刻出现小挫折很常见，餐桌上就会出现这种情况。如果孩子拒绝吃完自己盘子里的食物，我们可以提议他第二天吃完。而如果强迫他当时吃完，就有可能导致他饱腹感失衡。如果他拒绝吃自己不认识的菜，我们可以让他先尝一下，或者让他下次参与制作以便让他熟悉这道菜。

屡试不爽的小妙招

布置计时任务

给孩子一项挑战，让他尽快并且准确地完成一项他讨厌的任务。比如，3分钟内刷好牙。提议两人一起在5分钟内收拾尽可能多的物品，并且让他赢。目的：让他更好地消化掉受挫情绪。

抽签做任务

取几张纸，在上面写下要做的任务，然后对折成四份放入一个盒子里。每人抽出一个任务并立即执行。

神奇表格

和孩子一起画一张本周任务表格，每完成一项任务就贴一个贴花并表扬孩子的努力，祝贺他取得成功。

趣味词语

在纸片或便签纸上留下有趣的文字，帮助他发现日常生活中的重复行为。例如："刷完牙别忘了冲洗我。签名：洗脸池。"

良好教育方式的优点

它可以：

·防患于未然。孩子必须领悟到爱他的父母不会允许他踏出为他的安全考虑而设定的边界。不然的话，他可能会有生命危险。

·把孩子从无所不能中解放出来。正因为能力不足，孩子才会学习说话，和他人建立人际关系，不再自私，超越自我，激励自我。

　　·让他有安全感。禁令会带给孩子安全感和自信心，这说明父母在关注他，同时也让他看到了自己的能力。

　　·从心理上构建自我。儿童常常会对自己的权利感到焦虑，有时会通过消极行为来表达自我控制的需求。权威会帮助他们抵御这种焦虑，促使他们更好地自我控制。

　　·为进入社会做准备。权威和禁令预示着社会的生存法则。如果孩子在家庭中不受规则约束，那他在社会上就很难懂得和运用这些规则。

避免滥用规则

　　"我的丈夫对儿子从小就要求很高，他不能忍受混乱，容忍不了他们在吃饭时乱动，早早就希望他们把衣服洗干净。现在，他又对他们衣服的清洁度提出了更高的要求，即使是我们出去逛公园也是如此。儿子们都很反对，尽管我花时间跟老公沟通，认为限制太多不好，但是没办法，他受父亲军事化教育的影响太深了。"

伊莲（34岁）

区分主次

为了让孩子明白对他的期望，有必要对规则数量进行限制并对不可或缺的规则和次要规则进行区分。

孩子如果受到太多的规则限制，就会分不清什么规则对他的幸福和安全更重要，什么规则是次要的。他难以理解人们对他的期望，他的个性被压抑，对自己缺乏信心，当他独自一人或父母不在身边时就会感到不知所措，他也很难在同龄人面前坚持自己的立场。另一方面，他可能会反抗、表现不稳定，拒绝一切强制措施。

提供给孩子表现自己的方法

要区分基本规则和通用规则，前者不能妥协，后者可以协商（晚上8点睡觉，而不是8点半；做作业前先收拾房间，而不是反过来；等等）。让他参与讨论一些次要规则可以帮助他表现自己。

对孩子要表现出相信他的样子，让他在一定范围内自由尝试，这样做能让他有责任感并变得成熟起来，从而更容易接受他人的建议。

大脑运行机制

您的孩子需要集中精力确定您对他发出的指令，然后无需您重复就按照指令去做。专注力是一种心理机制，涉及语言、推理、情感等主要功能。孩子注意力越集中，记忆就越深刻。根据孩子的年龄、性格以及执行任务时乐趣的不同，他的专注力也会有所差异。6至7岁的孩子专注的时间为15分钟，7至10岁的孩子达到20分钟，10至12岁的孩子达到25分钟。为了让他掌握基本规则，重要的是不要给他太多超出他能力范围的指令和建议。

从惩罚到协商

几年下来，规则已经定下时，慢慢就可以用协商、约定、亲子契约来代替惩罚。随着时间的流逝，父母在育儿上需要坚持爱和交流，用聪明又恰当的方式设定规则边界，未成年的孩子就能接受这种更理智的教育方式，通过尊重他人和边界、承担责任来获取自由。父母和孩子都能从中受益。

屡试不爽的小妙招

列表中的十大规则

考虑到孩子的年龄和心理、生理成熟度，父母可以和孩子一起在笔记本上列出十大不能协商的规则，在"家庭会议"上向孩子详细解释。定期更新规则，以适应孩子的年龄和能力。在孩子很小的时候，规则应该少而精。

家庭会议

它是所有家庭成员都在场的情况下进行的会议。它可以在特殊情况下举行，也可以在有困难需要克服、需要设定规则边界、有表达需求时举行。无论家庭成员年龄大小，家庭会议严格遵守尊重他人的规则，尊重每个人的发言权。

可协商的契约

孩子长大后（10岁左右），和孩子一起在笔记本上列出可协商的规则：衣服的选择、玩具的选择、阅读的书籍等。成长越多，孩子就越能获得您的信任，可协商的契约规则就越多，这种自由余地将帮助他更加独立。

回避对立

"我女儿老是生气，大吵大闹，用脚乱踢，直到她得到想要的东西才作罢。问题是她小的时候经常会哭闹到让自己呕吐，现在动不动就发火，我知道不能妥协，但是实在不知道该如何处理。"

路易莎（42 岁）

认同他的身份

为完成自我人格的构建，儿童会经历不同的身份构建阶段。从 18 个月大开始，儿童进入第一个叛逆期，如果不能对其叛逆需求进行恰当管理，该叛逆期就会延长。出现叛逆期延长的情况时，儿童能够将自己与母亲区分开来，并试图将自己定义为一个单独的人。对此时的他来说，服从父母的命令和规则相当于否认自我的存在。因此，他觉得有必要反抗以维护自己的身份，并重新建立自我身份边界。

面对他的此类反应，父母不能无动于衷，同时还要理解其行为背后的含义并灵活处理。简而言之，就是要接受他闹情绪——"生气是你的权利"，但不能纵容他——"你这样我是不会妥协的"。

因此，要想约束孩子就必须讲究技巧——转移孩子的注意力。反对禁令或提出要求的孩子会将注意力集中在自己的欲望上，并且会调动所有资源来满足这种欲望。如果父母设法在这个过程中引入其他信息，就能转移孩子的注意力，避免产生对抗性冲突。多点智慧和幽默就足以让孩子释放紧张情绪并让他听话。

大脑运行机制

大脑运行分为2种机制，一种是运动机制，它主要负责人体的生理及心理平衡，确保我们生命不会受到威胁。另一种是描述性机制，它将人类与其他动物区别开来，拥有它人类才有自己的思想，而不只是一味地服从或执行命令。

应对挫折

对于某些孩子来说，愤怒会变成一种交流方式。有的孩子只要听到他人说声"不"就会变得特别激动，这样的孩子往往挫折不耐受。他哭闹、跺脚就是想要立刻满足自己的所有需求。父母的限制越是模糊或不存在，孩子就哭闹得越多、越频繁。

面对这种"权力的争斗"，必须让孩子远离众目睽睽，有众人围观时愤怒总是来得更猛烈些。如果孩子没有平静下来，就必须采用"越位"技术，即在特定时间内让孩子在一个安全的房间里进行独自隔离。最后，要重新解释禁令的意义，要让孩子懂得在面对禁令时保持冷静——"愤怒永远不会帮你得到你想要的任何东西"，这种态度会让孩子逐渐做出父母所期待的行为。

任何情况下都要保持耐心，最重要的是不要被愤怒情绪所左右，这时榜样的力量就显得尤为重要。

3 岁左右孩子的大脑运行机制

3 岁之前，孩子的大脑连接会逐渐变得有条理。大脑的执行功能中枢正在构建中，使孩子能够确定优先级，控制冲动和预测结果。因此孩子在这个年龄就

会产生矛盾冲突和自我对立，他难以控
制冲动。4 岁以下儿童的愤怒往往与大脑
边缘区域的不成熟有关，大部分情绪管
理都由该区域负责。人类大脑皮层的这
一区域要在 5 岁左右才会变得成熟。然后，
儿童通过受教育，学会管理冲动和安排
自己的优先事项。如果父母不知道这些，
孩子也就很难弄明白。

屡试不爽的小妙招

表演结束！

他想要商店橱窗里的漂亮玩具，于是通过尖叫
或在地上打滚来表达自己的欲望，目的就是要让您
在大庭广众之下怒不可遏，从而把所有的目光都吸
引到这一壮观场面上，让您倍感尴尬。此时您要保
持冷静，通过隔离将孩子与周围的看客"分开"。
然后，您必须跟他解释，并不是所有的欲望都能立
即得到满足（您全程保持淡定）。最后一定要提醒

他，如果他继续下去，回家就会受罚。重要的是，当孩子执意不听时要保持坚定态度。

和孩子瞎聊吧!

孩子拒绝上车，家长不应该强求或与他争论，而应该通过提问来转移他的注意力："今天下午的点心怎么样？"他不愿穿鞋时，家长可以提问他："你有几双鞋呢？"

噢，一只粉象!

幽默是教育方式的一个重要组成部分，它有助于避免对抗情况的发生。根据年龄的不同，一个可笑的行为，一个文字游戏或者一个笑话都会产生幽默的效果。注意不要将幽默和嘲讽混为一谈，一个是转移注意力，另一个则是羞辱对方。

让孩子自愿听从

"我很难动员孩子自己读书、做事、帮忙做家务，然而在一些家庭中，我却惊讶地看到孩子很热爱读书，能达到一定程度的自律，父

母安然自若，让孩子帮忙似乎一点都不费劲。"

伊莲（44 岁）

迎合他人的欲望

　　孩子经常在取悦父母和维护自己的自主权之间徘徊。如果说对自主性的需求促使他与父母发生冲突，那么为了取悦父母，他往往会建立另一种更灵活、更愉快、也更容易管理的关系。通过取悦父母，可以改变直接对立的局面。孩子生气但没有大喊大叫，而是解释生气的原因时，要表扬他，完成一项艰巨的任务时要祝贺他，帮忙时要称赞他（不管是否有人请他帮忙），读书和努力把作业做好时表扬他……

　　父母的表扬和赞美能带给孩子真正的激励和鼓舞。

巧妙的表达方式

　　与其在做饭时让孩子看电视，不如换一种方式来表达。你洗完澡，收拾好房间，完成了作业……

你就可以去看电视。对孩子来说，只有在他没有沉迷于电视，非常喜欢他人的提议，愿意和父母分享快乐时，他才会觉得有趣。此时他不会把任务当作一种任务，而是当成乐趣并且会心甘情愿地去执行。

大脑运行机制

一些神经生理学家的研究表明，人类存在着一种促进内驱力的奖赏神经回路。奖赏和奖赏之前的欲望会在大脑中释放脑啡肽，即与成瘾有关的期望激素。当我们的孩子达成一个既定目标时，通过化学反应，脑啡肽会鼓励其继续努力。

显然，父母不能要求孩子同时完成几项任务，他的时间观念难以让他长期保持积极性。我们可以给他安排些小任务，中间穿插着趣味活动。等他再大一点就可以考虑安排稍重的任务，再提出一个有趣的活动。

快乐尽在努力中

如果我们在孩子很小的时候就教会他如何帮忙，在他取得进步时进行表扬，耐心培养他的学习能力，鼓励他努力并尽可能让日常活动变得有趣，那么孩子就会享受这些时刻。当努力在家中得到重视，比如适时的肯定、偶尔的奖励，孩子就会乐于超越自我，挑战极限。当我们指出孩子的努力是非常具有建设性的，就能让他品尝到努力的甜头。

屡试不爽的小妙招

积分盒

我们可以和孩子一起玩积分游戏，而不是经常奖励孩子。如果孩子每天早上不磨蹭，自己穿衣服，每成功一天就放一张积分卡片进盒子，积满10张就可以和爸爸一起去游泳池玩，一家人骑自行车外出兜风，晚半小时睡觉等。这个游戏适用于所有年龄段的孩子，游戏的最后会有适当的奖励，并且奖励必须是平时没有过的礼物（给小孩的薯片或糖果、游戏等）。延迟最终奖励原则可以使孩子养成良好习惯，增强孩子应对挫折的能力。

玻璃弹珠

和孩子一起去商店买些好看的弹珠。告诉他，每当他表现好时（例如，每天都不和哥哥打架），他就可以赢得一颗弹珠。赢了的弹珠放进一个透明的罐子、玻璃杯或花瓶里，这样他就可以透过色彩缤纷的弹珠看到自己的进步。每次获得弹珠都要表扬他，如果他每天都能获得弹珠，您可以在周末对他取得的进步进行奖励。对于幼儿来说，弹珠也可以用他喜欢的英雄贴纸代替，贴在塑料杯上。

进步图表

在一张小纸片上画一个与天数相对应的表格，记录孩子是完全不听话、有点听话、一般听话还是很听话。每天晚上和孩子一起在表格合适的地方画上彩色的钩，然后在周末、月末查看表格。表扬孩子做出的努力和取得的进步，同时在他重复犯同一错误时提醒他注意遵守规则。

结语

如果困难依旧存在该怎么办？

困难持续存在的背后隐藏着什么？如果您已试着去了解自己的内心，尝试重新给予孩子适量的爱和关注并应用了适合自己的工具，却没有取得任何实质性的进展，这可能有好几种原因以及新的解决办法。

重要的是，要努力找出您可能忽略的东西，孩子某些抵触行为或行为反复背后隐藏的东西。这就需要加强个人心得体会和对孩子的行为分析，两者密切相关，因为您和孩子的行动相互关联，家庭是一个整体系统。

无论是什么样的家庭行为，都是建立在心照不宣、本能反应、错误信念、简单习惯的基础之上。正如家庭系统治疗师所发现的那样，它是一种习得的、重复的功能模式。无论这些行为产生的基础是什么，您都要尝试通过改变教育方式中的一个部分，从而改变整个家庭内部的关系。如果能找出其中的机能障碍、对彼此的误解、锚定心理（先入为主导向），那么改善家庭关系就会更容易些。

坏行为背后的隐藏含义

有些家长常常这样想或说："我家孩子很难缠"，"他跟其他孩子不一样"，"他难以管教"，"他故意让我发火"，"他很讨厌"，"他无法独立做任何事情"，"他把时间都花在吸引他人的关注上"，"他很累人"，等等。在这样的情况下，家长的疲惫和精力不济似乎很容易理解，但事实上，孩子不会故意做一些恼人的事，不会因为性情使然而故意做出让人无法忍受的行为，也不会因为天性而让人不快。

如果说孩子天生就以自我为中心，那是因为大自然要求父母能够提供照料，确保孩子能生存下来。随着时间的推移和与父母的互动，孩子开始让自己与众不同，根据父母口中的负面评价来行动，他的行为其实是父母和孩子系统作用的结果。然而，这个系统之所以持续存在，是因为父母看不到孩子话语中隐藏的某些态度，还持续谴责孩子。

行为反复说明了什么？

• 逆反的孩子需要有明确的、让人放心和友善的规则边界，因为自己的个性，所以他根本控制不了自己。父母的态度变得强硬时，他会感觉自己不被理解，会变得愈加对立，从而导致亲子关系更加紧张。

• 希望受到他人关注的孩子需要父母付出更多的爱、更多的时间。他需要感受到自己被认可和被倾听。父母如果倾向于诉说自己的烦恼，表现出心烦气躁、气愤难当、唠唠叨叨，孩子就会在不知不觉中一直保持与父母的对立关系。

• 孩子还可以通过不断地反对来吸引他人的注意力。他将对稳定和关爱的环境的需求与受关注的需求结合在一起。他的行为并不能在实质上说明他是一个任性或不可管教的孩子，即使表现出来是这样，却可以说明他是个痛苦的孩子。他在家庭环境中很难感到安心，所以才会想尽一切办法让自己有安全感，哪怕是做出一些太过分的行为。

• 孩子即使年龄够大了，也什么都不做，事事依赖他人，要求别人给他穿衣服，帮他准备上学要用的物品……这样的孩子不只是单纯的懒惰，还可能是放纵自我，或者是缺乏大人的关注。大多数时候，父母为了帮助孩子，会选择代替他行动，尽可能地陪伴在他左右，父母会提前满足孩子的要求。这时就会出现一个更加突出的问题：孩子缺乏自信。

如何摆脱这样的教育方式？

• 对立的孩子需要规则边界，但不一定是专制边界，父母需要尽可能去协商、谈判，在他年纪还很小的时候就和他一起商讨，并给予他大量的爱和关注。

• 努力吸引他人关注的孩子需要有与父母单独相处的时间，他的价值和地位需要得到兄弟姐妹和父母的认可。他的需求并不总是能得到满足，也许是因为父母没有提供给孩子所需要的空间，也许是父母对待孩子的差别太大。父母可以创造家庭成员共处的时间，此时每个人都可以畅所欲言，称赞他人，然后说出自己遇到的困难。使用"谈话棒"来进行发言，确保每个人的发言都得到尊重，并且讨论的内容是积极有益的。"谈话棒"是一种人们用来辅助发言的物品，只有拿着它的人才允许说话。拿到"谈话棒"的人说完后，就把它传给另一个人。

• 通过逆反行为吸引注意力的孩子需要更多的爱和认可，更多的规则边界以及两者相结合。

• 习惯求助的孩子应当学会把小失败当作学习，学会独自行动，学会淡定从容，重视自己的每一次努力和每一次尝试。父母过多的协助和帮忙是孩子缺乏自信的根源。

父母无意中造成的伤害

• 正如维吉尼亚·萨提亚所言，夫妻关系出现问题会影响到整个家庭。家庭关系的紧张与孩子无关，但父母会在无意间对孩子宣泄内心的挫败，而且这种情况并不少见。

• 父母有时会嫌弃孩子，这虽然是个大家不愿提及的话题，却是不争的事实。面对一个"任性"的孩子，前面提到的孩子和父母间存在的诸多问题中的某一个就会占据上风并变成恶性循环。情况会变得越来越糟糕，以至于父母感觉再也容忍不了自己的孩子，但实际上是父母再也承受不住日常生活中的鸡飞狗跳，觉得自己已经达到了极限，无法胜任父母这个角色。

• 这说明父母难以解读孩子无声的求助、笨拙的请求、隐藏的真实需求，同时还可能反映出父母难以做到相互理解或是自我了解，难以注意到在孩子们身上或夫妻之间发生的事情。孩子在不知不觉中造成了家庭关系紧张，受到父母的排斥，这样父母就可以以孩子调皮捣蛋，难以教育为借口，不去重新审视夫妻生活……

真正的面对面交流！

面对自我、面对配偶、面对孩子、面对治疗师，有时唯有面对面交流才能推动事情进展，与孩子共处，与配偶进行建设性讨论。倘若与孩子、配偶的面对面沟通陷入僵局，那就再尝试另一种可行方法：彼此进行一次真正的、深入交流，采取不同的行动方式推动家庭这个系统持续正常运转。

哪怕觉得难以面对自己的内心挣扎，也必须直面自我。因为这样能让我们更加懂得自己的内心，

用旁观者的眼光来看待问题。但迷茫时如何才能看得更清楚呢？内心深处的真实想法有时让我们无法做出人们所期待的反应，那么我们又该如何理解它们呢？

当我们经过自我调节等努力，仍无法改善或解决问题时，寻求专业人士的帮助就是非常必要且合乎自然的事了，比如心理医生、心理咨询师或社区的专业服务等。开诚公布地交流、接受专业建议、持之以恒，相信会有效果，您要有信心！